攻略！共通テスト

国語

購入者限定特典冊子

CONTENTS

入試制度の変革が行われる中，大学入試に向けて，どのような対策を，いつから始めればよいのか，皆さんの不安も大きいのではないかと思います。

共通テストは，大学への入学志願者を対象に，高校段階における基礎的な学習の達成の程度を判定し，大学教育を受けるために必要な能力について把握することを目的としています。そのため，教科書レベルの知識を正確に習得した上で，**傾向に合わせた，アウトプット学習の演習をすること**が必要になります。

本特典冊子では，共通テストの攻略に向けて，Z会からいくつかアドバイスをお伝えしていきます。

CONTENTS

Next

Point 1

共通テストとは

2021 年度入試から，センター試験に代わって大学入学共通テスト（以下，共通テスト）が実施されました。センター試験においても，共通テストにおいても，各教科・科目の基礎力の積み上げが必須であることに変わりはありません。あわせて，すべて客観式（マーク式）であることはセンター試験と同様ですが，これからの社会で必要な力を見据えて，より深い思考力・判断力・表現力が求められる問題，学習の過程を意識した場面設定がなされた問題が出題されています。

◆共通テストの特徴

① 大学教育の基礎力となる 知識・技能や思考力，判断力，表現力

高等学校学習指導要領を踏まえ，知識の理解の質を問う問題や，思考力，判断力，表現力等を発揮して解くことが求められる問題が出題されます。

② 「どのように学ぶか」を踏まえた 問題の場面設定

授業において生徒が学習する場面や，社会生活や日常生活の中から課題を発見し解決方法を構想する場面，資料やデータ等を基に考察する場面など，学習の過程を意識した問題の場面設定が重視されます。

（「令和４年度大学入学者選抜に係る大学入学共通テスト問題作成方針」（大学入試センター）より）

◆共通テスト出題教科・科目の出題方法

下の表の教科・科目で実施されます。なお，受験教科・科目は各大学が個別に定めているため，各大学の要項にて確認が必要です。

※解答方法はすべてマーク式。

※以下の表は大学入試センター発表の『令和４年度大学入学者選抜に係る大学入学共通テスト出題教科・科目の出題方法等』を元に作成した。

※「 」で記載されている科目は，高等学校学習指導要領上設定されている科目を表し，『 』はそれ以外の科目を表す。

教科名	出題科目	解答時間	配点	科目選択方法
国語	『国語』	80分	200点	
地理歴史・公民	「世界史Ａ」，「世界史Ｂ」，「日本史Ａ」，「日本史Ｂ」，「地理Ａ」，「地理Ｂ」 「現代社会」，「倫理」，「政治・経済」，『倫理，政治・経済』	1科目60分 2科目120分	1科目100点 2科目200点	左記10科目から最大2科目を選択（注1）（注2）
数学①	「数学Ⅰ」，『数学Ⅰ・数学Ａ』	70分	100点	左記2科目から1科目選択
数学②	「数学Ⅱ」，『数学Ⅱ・数学Ｂ』，『簿記・会計』，『情報関係基礎』	60分	100点	左記4科目から1科目選択（注3）
理科①	「物理基礎」，「化学基礎」，「生物基礎」，「地学基礎」	2科目60分	2科目100点	左記8科目から，次のいずれかの方法で選択（注2）（注4） Ａ：理科①から2科目選択 Ｂ：理科②から1科目選択 Ｃ：理科①から2科目および理科②から1科目選択 Ｄ：理科②から2科目選択
理科②	「物理」，「化学」，「生物」，「地学」	1科目60分 2科目120分	1科目100点 2科目200点	
外国語	『英語』，『ドイツ語』，『フランス語』，『中国語』，『韓国語』	『英語』 【リーディング】80分 【リスニング】30分 『ドイツ語』，『フランス語』，『中国語』，『韓国語』 【筆記】80分	『英語』 【リーディング】100点 【リスニング】100点 『ドイツ語』，『フランス語』，『中国語』，『韓国語』 【筆記】200点	左記5科目から1科目選択（注3）（注5）

(注１) 地理歴史においては，同一名称のＡ・Ｂ出題科目，公民においては，同一名称を含む出題科目同士の選択はできない。

(注２) 地理歴史・公民の受験する科目数，理科の受験する科目の選択方法は出願時に申請する。

(注３) 数学②の各科目のうち『簿記・会計』『情報関係基礎』の問題冊子の配付を希望する場合，また外国語の各科目のうち『ドイツ語』『フランス語』『中国語』『韓国語』の問題冊子の配付を希望する場合は，出願時に申請する。

(注４) 理科①については，１科目のみの受験は認めない。

(注５) 外国語において『英語』を選択する受験者は，原則として，リーディングとリスニングの双方を解答する。

Point 2

先輩の共通テスト学習法

共通テスト対策について，先輩はいつから，どのように始めたのでしょうか。先輩の成功体験を参考にしてみましょう。

◆共通テスト対策を始めた時期

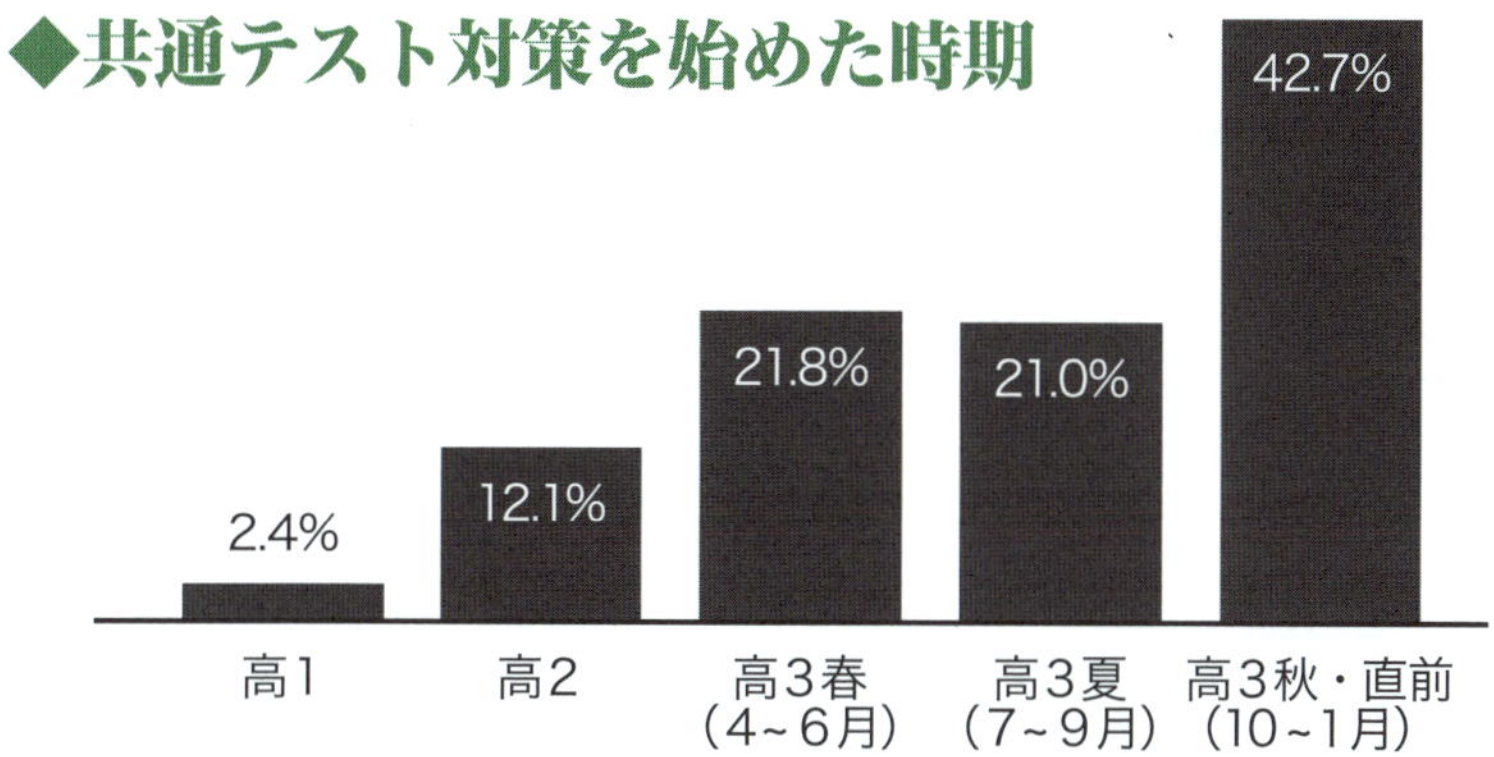

◆共通テスト対策として最初にやったこと

1）教科書や参考書を見直す

単元別問題集を一周したあとは，間違いの多かった苦手分野を集中的に解き直し，共通テストで点を失わないように何度も復習しました。**（数学）**

学校でやった問題を家で再度復習しました。わからない単語は徹底的に調べ，自分だけの単語帳を作っていました。授業の隙間時間，登下校のバスの中で見て，効率的に単語を覚えました。**（英語）**

現代文は参考書で読み方，解き方を学び，古文は文法と単語を覚え，漢文は句形を覚えました。**（国語）**

共通テストを意識して，知識だけでなく教科書・資料集に掲載されている図表やグラフを重点的にチェックし，思考力の強化を図ることから始めました。**（地歴公民）**

2) 共通テストの過去問を解く

とりあえず過去問を解き，共通テストの「クセ」をつかむことから始めました。解いたあとは時間配分や解く順番など，次への作戦を立てます。

時間を気にせずに解答根拠となる場所に線を引きながら，過去問を解きました。答えが合っていても必ず解説を隅々まで読んで，自己流の解法ではやらないこと。古文漢文は文法，単語などの基礎事項を頭に詰め込みました。

時間を計りながら解くことで，自分に足りないのは英文を読む速さであることに気がつきました。

3) 共通テスト模試を受ける・復習する

模試を受けるときはわからないところに三角印を書いておき，終わったあとにその部分と間違えた問題を復習しました。

共通テスト模試を受験したあとは一度解き直し，それでも解けなかった問題を中心に解説をじっくり読み，ノートを作りました。

模試でできなかったところについて，専用のノートに解説を貼り付けたり，自分で図を書いて，それを通学の電車の中などで見ていました。

間違えた問題をコピーして自分なりの解答法を作り，それをルーズリーフに貼ったり挟んだりして自分だけの問題集を作るようにしていました。

（「【Z会の本】共通テスト体験アンケート」（Z会）より）

Point 3

共通テストでは ここが問われる！

国語

◆出題内容 2021年度共通テスト本試：第1日程

大問	設問数	配点	出典
第１問	５問	50	香川雅信『江戸の妖怪革命』 【資料】芥川龍之介「歯車」
第２問	６問	50	加能作次郎「羽織と時計」 【資料】宮島新三郎「師走文壇の一瞥」
第３問	５問	50	『栄花物語』 【資料】『千載和歌集』
第４問	６問	50	問題文Ⅰ：欧陽脩『欧陽文忠公集』「有馬示徐無黨」 問題文Ⅱ：韓非『韓非子』

◆問われる力・特徴的な出題

1) 第１問 論理的文章
正確な読解力と，文章全体を見渡す力が必要

共通テスト初年度は，日本の中世から近代にかけての「妖怪観」の変遷を論じた文章が扱われました。文章自体の難易度は標準的でしたが，新しい傾向として，**本文の内容をまとめた「ノート」の空欄を補充する問題**が出題されました。この「ノート」形式の問題では，【ノート 1】～【ノート 3】で資料がそれぞれ提示され，(iii) では【ノート 3】で引用された芥川龍之介「歯車」の一節を，本文中の「私」のあり方も踏まえて考察することが求められました。

▼注意したい設問

問５	Ｎさんが本文の内容を整理した【ノート 1】～【ノート 3】（いずれも空欄補充問題） ・(i) 本文の内容を段落ごとに整理する ・(ii) 本文の内容を要約する ・(iii) **芥川龍之介「歯車」の一節を，本文中の「私」のあり方も踏まえて考察する**

▼問５

(ii) Ｎさんは、本文で述べられている近世から
る語句として最も適当なものを、後の各
11 。

【ノート２】
近世と近代の妖怪観の違いの背景には、
近世には、人間によって作り出された、
うになったことで、近代の妖怪は近世の妖怪

Ⅲ に入る語句 10
① 恐怖を感じさせる形象としての妖怪
② 神霊からの言葉を伝える記号としての
③ 視覚的なキャラクターとしての妖怪
④ 人を化かすフィクショナルな存在とし

(iii) 【ノート２】を作成したＮさんは、近代の
ト３】を作成した。空欄 Ｖ に入る最

【ノート３】
本文の 17 には、近代において「私」が私
係して、本書第四章には、欧米でも日本で
されたとあり、芥川龍之介の小説「歯車」（
第二の僕、――独逸人の所謂 Doppelg
画俳優になったＫ君の夫人は第二の僕
もしませんで」と言われ、当惑したこ
のある煙草屋に第二の僕を見かけてい

2) 第２問 文学的文章
複合的な文章読解・選択肢の丁寧な吟味に注意

大正期の小説とそれに関する批評文が出題されました。新しい傾向として，**作者の意図と，【資料】に提示された評者の見解の違いとを比較して考察する問題**が出題されました。これは，**一つの作品に対する複数の見方が存在する**，という「文学的文章」の性質を体現した出題といえるでしょう。ただ，文章も批評文も読みやすい内容だったので，新しい形式にまどわされず，丁寧に本文を読み進めることが大切です。

▼注意したい設問

問６	批評文を踏まえた作品鑑賞 ・(ⅰ)【資料】内における評者の意見の根拠を，本文から読み取る ・(ⅱ) 評者との見解の違いを，本文から読み取る

▼問６

問６ 次に示す【資料】は、この文章（加
郎、原文の仮名遣いを改めてある）の一

【資料】

今までの氏は生活の種々相を様々な
し、又そうすることに依って作品の
描写する――其処に氏の有する大き
『小話』作家の面影は有っていなかっ
それが『羽織と時計』になると、作
に伴う思い出を中心にして、ある一
う所の小話臭味の多過ぎた嫌いがあ
なかったら、そして飽くまでも『私』

(ⅰ) 【資料】の二重傍線部に「羽織と時計とに
品の効果を増す力にはなって居ない。」と
次の①～④のうちから一つ選べ。解

① 多くの挿話からW君の姿を浮かび
② 実際の出来事を忠実に再現しよう
③ 強い印象を残した思い出の品への
④ 挿話の巧みなまとまりにこだわっ

(ⅱ) 【資料】の評者が着目する「羽織と時計」は
いられている（43行目、53行目）。この繰
次の①～④のうちから一つ選べ。解

① 「羽織と時計――」という表現がそ
にはW君を信頼できなくなっていく

3) 第３問 古文
語彙・文法知識を確実に固め，文脈を正確に把握する

和歌の説明をした【文章】を用いて３首の和歌を解釈する問題が新しく登場しました。和歌のやりとりについて，他の作品を引用して解釈し，複数の文章の内容を照合して解く形でした。また，３首の和歌を正確に解釈する必要もあったため，**正しい文法知識をもとに，和歌が詠まれた状況を踏まえながら解釈を行う**ことが求められました。

▼注意したい設問（古文）

問５	【文章】の内容を踏まえ，３首の和歌についてそれぞれ解釈する

4) 第４問 漢文の特徴
句法・重要漢字を身につけて取りこぼしを避ける

同一のテーマを扱った二つの文章から出題され，新傾向の問6は，**それぞれの文章の共通性を抽出して題意を読み取り，選択肢を吟味する問題**でした。問1～問6はいずれも，それぞれの文章をきちんと読解できていれば無理なく取り組める内容だったため，句法・重要漢字を確実に理解しておくことが求められたといえるでしょう。また，今後は様々なジャンルからの出題が予想されるため，**漢文の句法・重要漢字のほか，漢詩の形式や表現技法の対策もしっかり積み**，漢文に対する慣れを作っておきましょう。

▼注意したい設問

問6	【問題文Ｉ】【問題文Ⅱ】を踏まえた内容読解問題

▼古文　問５

問5　次に示す【文章】を読み、その内容を
⑥のうちから二つ選べ。ただし、解

【文章】
『栄花物語』の和歌Xと同じ歌は、
状況も同一である。しかし、『千載和
Z　誰もみなとまるべきにはあ
となっており、同じ和歌Xに対する
『栄花物語』では、和歌X・Yのやり

①　和歌Xは、妻を失った長家の悲
り忘れなさい」と安易に言ってしま
②　和歌Xが、世の中は無常で誰し
容をあえて肯定することで、妻に

▼漢文　問6

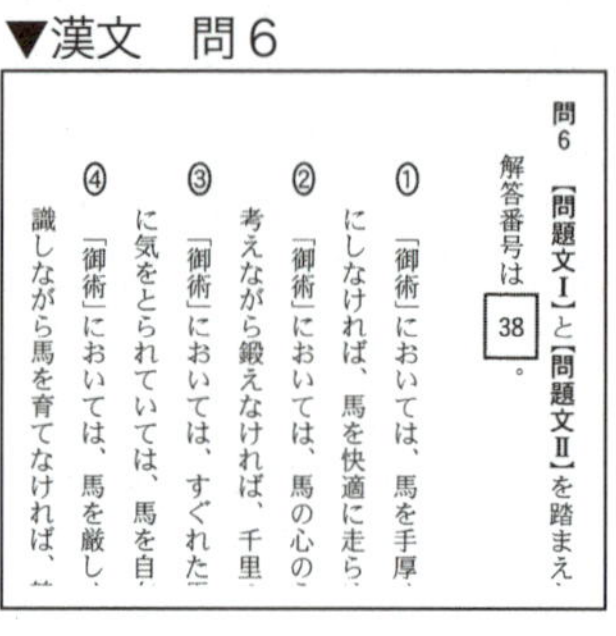
問6　【問題文Ⅰ】と【問題文Ⅱ】を踏まえ
解答番号は 38 。
①　「御術」においては、馬を手厚
にしなければ、馬を快適に走ら
②　「御術」においては、馬の心の
考えながら鍛えなければ、千里
③　「御術」においては、すぐれた
に気をとられていては、馬を自
④　「御術」においては、馬を厳し
識しながら馬を育てなければ、

Point 4

Z会おすすめ！共通テスト攻略法

論理的文章・文学的文章

第1問の論理的文章では，これまでセンター試験や共通テストで出題されたような論説文のほかに，今後は実生活に基づいた文章や資料が出題される可能性もあります。社会論や哲学論といった論説文だけではなく，身近な話題について述べた文章や資料を読む機会も増やし，資料の中で重要な箇所をすばやく読み取る力を養っていきましょう。また，今年度の共通テスト第2問のように，複数の文章それぞれを読解した上で，文章間における共通点・相違点が問われることも考えられます。ある文章を読んだら同じ話題を扱った他の文章を読み，読んだあとは，文章間での相違点や共通点について考える…という訓練を積むのも効果的です。

STEP 1

共通テストの中身を知る！

共通テスト初年度の問題を解いてみて，スタート地点を確認しましょう。勉強をしたほうがよい箇所はどこか，演習が必要な問題はどのような問題か，意識をもつことが大切です。『ハイスコア！共通テスト攻略 国語 現代文』も解き，弱点を発見しましょう。

STEP 2

分野ごとに，足りない力を補強！

<用語>『現代文 キーワード読解』では，評論文でよく扱われる現代文用語を掲載しています。科学・哲学・近代などのテーマ別に個々の語を解説しているので，用語の意味とともにテーマ知識も身につきます。小説に登場する単語も収録しているので，第2問の対策にも有効です。

<読解法>『現代文の解法 読める！解ける！ルール36』では，「接続語」「指示語」などの着眼点に応じた読み方ごとに36のルールを紹介しています。現代文が苦手で，どのように読めばいいかわからない…という場合に，読解の基礎を固めるのに最適です。

多くの文章に触れる！

長めの文章に慣れるためのトレーニングを積みます。さまざまなジャンルの文章に触れる機会を作り，「分量の多い文章を読むこと」に慣れていきましょう。

いざ，実戦トレーニング！

高３の夏以降は，本番形式に近い問題をこなしていきましょう。時間配分にも工夫が必要です。塾で開催される模試や，書店で販売されている模試タイプの問題集も活用しましょう。

Z会おすすめ！共通テスト攻略法

＜古文・漢文＞

古文・漢文は，これまでと同様に，文章の内容把握問題・人物の心情把握問題・文章の構成を問う問題…といった出題が予想されます。そのため，文章の丁寧な読解をもとに解答する，という基本姿勢に変わりはありません。ただし，今年度の共通テスト第４問のような，複数の文章を比較して解くという新しい出題形式も予想されるため，その準備もしておきましょう。

複数の文章を比較して解く問題には，現代文の文章と同様に，ある文章を読んだら同じ話題を扱った他の文章を読む・読んだあとは，文章間での相違点や共通点について考える…という訓練が役立ちます。ただしこの訓練も，単語や文法の確かな基礎知識があってこそ。古文単語や文法・漢文句形をしっかり身につけなければ，〈何となく文章を読んで，雰囲気や勘で選択肢を選ぶ…〉といったことになってしまい，正確な文章読解から遠のいてしまいます。単語や文法の土台固めが最優先です。

STEP 1

共通テストの中身を知る

現代文と同様に，共通テストを解いてみて，どのような問題が出題されているのかを知りましょう。わからない古文単語や句形を見つけたら，『ハイスコア！共通テスト攻略 国語 古文・漢文』で意味を確認しましょう。

STEP 2

単語＆文法で，読解の基礎を固める！

＜古文単語＞『速読古文単語』では，共通テスト必修の 300 語をイラストとともに掲載しています。短い例文でも単語の意味が確認できるので，イラストと例文を通して記憶に定着しやすくなります。

＜古典文法＞正確な古文の読解には文法知識が欠かせません。『必携 古典文法ハンドブック』では文法の基礎から入試に必要な知識までわかりやすく解説しているので，この1冊で古典文法は完璧です。

＜漢文句形＞『文脈で学ぶ 漢文 句形とキーワード』では，漢文の読解に欠かせない重要句形の意味とはたらきが学べます。また，置き字・前置詞などの重要語の解説や用例も充実しています。

STEP 3

いざ，実戦トレーニング！

高３の夏以降は，本番形式に近い問題をこなしていきましょう。古文・漢文は，単語・文法の基礎固めを終えたらとにかくたくさんの実戦演習を積むこと。文章や設問の中で，単語や文法のさらなる強化や読解力のアップをはかりましょう。塾で開催される模試や，書店で販売されている模試タイプの問題集も役立ちます。

JN248044

Z-KAI

Z-KAI

ハイスコア！
共通テスト攻略

国語 現代文

新装版

Z会編集部 編

■はじめに

共通テストは、大学入学を志願する多くの受験生にとって最初の関門といえる存在である。教科書を中心とする基礎的な学習に基づく思考力・判断力・表現力を判定する試験であるが、**教科書の内容を復習するだけでは高得点をとることはできない**。共通テストの背景にある大学入試改革において、**各教科で育成を目指す資質・能力を理解した上で対策をしていくことが必要である**。

大学入試の「国語」、とくに「現代文」に関しては、どのように勉強したらよいのか迷う受験生もいるだろう。ただ問題文を読み進めて設問を順番に解いていく……という勉強方法だけでは、得点を伸ばしきれない可能性がある。限られた解答時間の中で多くの設問を解き終えるためには、選択式問題のための**「解き方」**を身につける必要があるのだ。本書では、その「解き方」を**【3つの戦略】**と名づけて分類し、**最も効果的な設問の「解き方」**を示している。本書を十分に活用して、共通テスト本番に備えてほしい。

Z会編集部

※本書は、2020年3月発刊の『ハイスコア！共通テスト攻略　国語 現代文　改訂版』と同じ内容です。

■目次

■第1章　論理的文章への対処

■第2章　文学的文章への対処

■第3章　模擬試験

■本書の利用法

共通テストの現代文で重要なことは、「限られた時間の中でなるべく多く」正解の選択肢を選ぶことにあります。そのためには、問題文を通読し、**問1**から設問や選択肢の一つ一つを順番通りに見ていくのが必ずしも得策とは限りません。本書では、問題文と設問・選択肢をまとめて構造的に見渡すことによって各大問の特徴を見きわめ、それぞれをどのように解いていけばよいかを【3つの戦略】を使い分けることで解決できるようにしました。

【3つの戦略】とは……

共通テストの現代文試験は、論理的文章も文学的文章もその特徴を三つに分けることができます。そのパターンにあわせて用意したものが**【3つの戦略】**です。

【戦略】＝
- ・問題文が先か、設問・選択肢が先か
- ・どの順番で設問を解けばよいのか
- ・何に注目して設問に取り組めばよいのか

これらを解決していくことで、「なるべく時間をかけず」に「思わぬ失点なく」正解の選択肢を選ぶことができるようになるのです。

◎学習の流れ

1　問題に取り組む前に、前述した**「限られた時間の中でなるべく多く解く」**ための【考え方】と【解き方】を説明しました。特に【解き方】については本書の核心とも言える部分ですので、

【戦略】によって問題全体への取り組み方を決定し、解法のコツによって選択肢を見きわめる

という解法を十分理解して下さい。

2　問題分析……第1章・第2章では、【3つの戦略】によって「限られた時間の中でなるべく多く解く」方法を、論理的文章・文学的文章各3題を使って具体的に説明していきます。自分で解くことよりも、まずは解法の確認に注力して下さい。

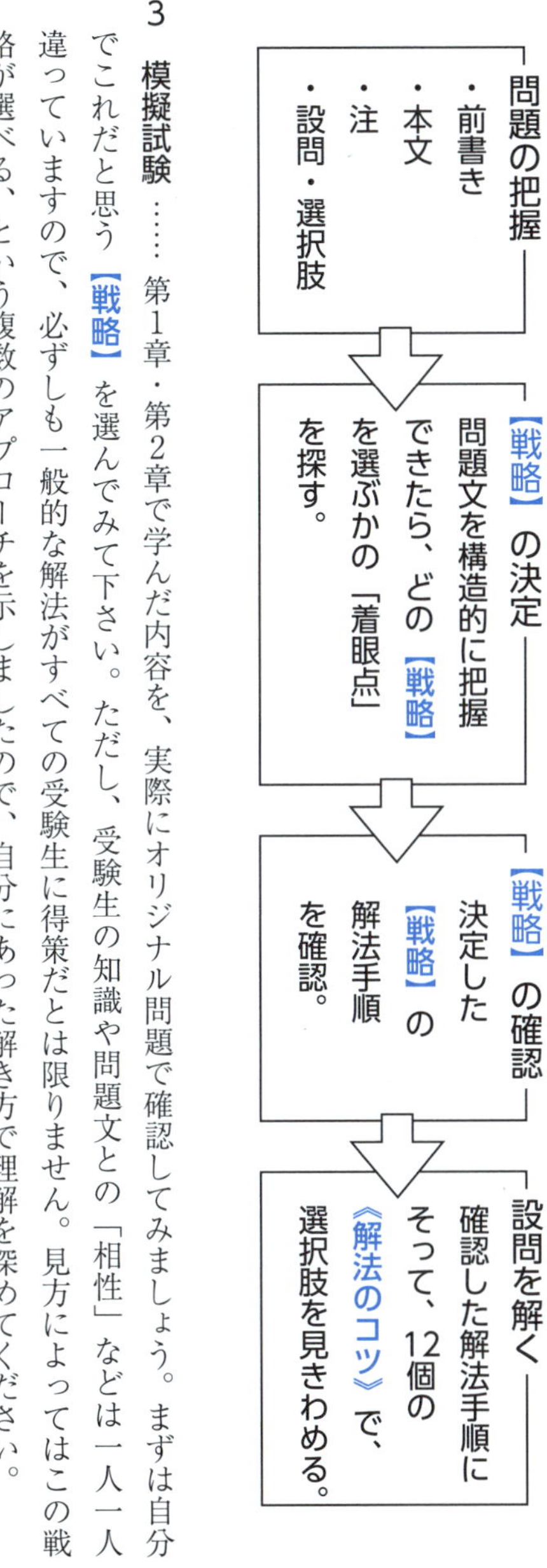

3　模擬試験……第1章・第2章で学んだ内容を、実際にオリジナル問題で確認してみましょう。まずは自分でこれだと思う【戦略】を選んでみて下さい。ただし、受験生の知識や問題文との「相性」などは一人一人違っていますので、必ずしも一般的な解法がすべての受験生に得策だとは限りません。見方によってはこの戦略が選べる、という複数のアプローチを示しましたので、自分にあった解き方で理解を深めてください。

4　補章……「国語表現」の対策について示しました。

※本書には、下書き用紙・解答用紙はついていません。

どう解けばいいのか？ 戦略の決定

マークセンス方式の国語の試験においては、最終的には「限られた時間内に出題者が正解として設定した選択肢をマークする」ことがどれだけできるか、ということによって受験生の得点力が決まってくる。この「出題者が正解と設定した選択肢」を手際よく見きわめるためには、以下の**【3つの戦略】**を使い分けるのが有効である。

戦略Ⅰ　構成・趣旨から解く

全体の構成がしっかりしていて、問題文の趣旨が比較的明確である場合には、「全体把握」の設問（通常は後ろの方にある）から先に解いていくと効果的であることが多い。全体を通読して、以下のような特徴があったなら、まずは**問題文の構成や趣旨をじっくりと見きわめ、その上で「全体把握問題」→「部分説明問題」の順に設問を解いていく**。そうすればほとんどの設問は「芋づる式」に解けるのである。

戦略Ⅰ……「構成・趣旨から解く」問題

着眼点

・「前書き」等で全体のテーマが示されている。
・問題文中に同一内容や語句の繰り返しが目立つ。
・全体把握の設問が1～2問設けられている。

3つの戦略

戦略Ⅱ　文脈・前後関係から解く

しかしながら、【戦略Ⅰ】のような素材ばかりが問題文となるわけではない。もともとは趣旨のはっきりした論理的文章や、テーマのはっきりした文学的文章であっても、その一部だけを「切り取る」過程でそうした持ち味が減ってしまっている場合もある。こうした時には、まずは**「部分説明」の設問に着目し、それぞれの傍線部分と選択肢とを見比べていく作業を丹念に行ってから、やがて「全体把握」へと進む**とよい。以下のような特徴があったらこの戦略を選んでみよう。

戦略Ⅱ……「文脈・前後関係から解く」問題

着眼点

・傍線部分にからむ指示語が多い。
・問題文全体のまとまりが見えにくい。
・全体把握の設問が少ない（0問〜1問程度）。

3つの戦略

戦略Ⅲ　設問・選択肢から解く

以上にあげた二つの戦略のどちらによってもうまくいかない場合というのもある。

そんな時には**選択肢を見比べてみよう。どこが同じで、どこが違うか。それを見きわめた上で、それぞれの傍線部分に照らして判断していく。**その作業を繰り返しているうちに、問題文の意味を完全にはつかみかねていても、正解の選択肢をマークできる場合もある。

戦略Ⅲ……「設問・選択肢から解く」問題

↓「構成・趣旨」「文脈・前後関係」からのどちらからでも解けない場合。

★《選択肢の異同の見きわめ》からそれぞれの設問部分へ。

以上、**【3つの戦略】**のどれを使って解いてみるかを思い定めてから問題に向かっていこう。もちろん、「この問題は絶対にこの戦略で解かなければならない」というものはないため、ある**【戦略】**を使ってうまくいかなかった場合には、別の**【戦略】**に適宜切り替えてみよう。そのようなフットワークの軽さも、問題を解いていくには大切なことだ。

どう解けばいいのか？②　選択肢の見きわめ

ひとまずの【戦略】が決まったら、実際に設問に取り組んで選択肢を見きわめていくことになる。その見きわめの際の着眼点について、以下に示す。

◆攻め方の方向性―問題文からか、設問からか―◆

まずは基本的な攻め方の方向について。**戦略の決定**で述べたことの延長線上で考えれば、問題文から攻めるか、選択肢（設問）から攻めるかは、問題の性質と、選択した【戦略】によって決まる。概略は次のようなものだ。

解法のコツ①　攻め方の方向性―問題文からか、設問からか、

【戦略Ⅰ】　問題文（構成・趣旨の把握）→設問（全体把握→部分説明）

【戦略Ⅱ】　設問（部分説明）→問題文（設問に関連する部分）→設問（全体把握）

【戦略Ⅲ】　選択肢（異同の抽出）→設問・問題文（部分説明）→設問（全体把握）

◆視点の移動——「選択肢をヨコに読む」ということ——◆

また、選択肢というのは、基本的には「群」として把握し、それらを**ヨコに読み比べる**ようにしていくとよい。部分説明の設問を解く場合に、傍線部分を読んで、選択肢①を読み、また傍線部分を読んで、選択肢②を読んで……というふうに「タテ」に読んでいると、とくにそれぞれの選択肢が長い場合にはなかなか一つに絞れない。そこで、的を絞って選択肢群全部を**ヨコに読み比べて**違いを抽出してみるのだ。

○ ある要素の有無

選択肢の中に「ある要素」があるかないかで判断していく。たとえば、傍線部分に指示語が含まれている場合なら、その指示語の指示内容についての記述があるかないか……というように。

解法のコツ② 視点の移動—ある要素の有無

○ ある事柄についての記述の相違

同様に、ある事柄についての記述に差異がある場合には、それも見きわめのポイントとなる。この事柄について①ではどう、②ではどう、というふうに、文節単位で見比べてみるのだ。具体的には、それぞれの選択肢中の「……を」や「……は」など、文の成分の上で同じはたらきをもつものを横に比べてみるとよい。

解法のコツ③ 視点の移動—ある事柄についての記述の相違

○ 言葉のニュアンスの違い

二つぐらいの選択肢が残って取捨に困る場合、というのもあるだろう。こうした時には、まずはその残った選択肢の文言だけを見比べて、双方の相違点を抽出してみよう。「こっちはこう、だけどこっちはこう」というように。自分の言葉で性質の違いを言い表せるようにすることだ。その上で問題文（主に傍線部分）の表現と照合してみると、どちらがより近いか見えてくる。

解法のコツ④　視点の移動 ― 言葉のニュアンスの違い

◆ヒントの探索（1）― 全体的な「仕掛け」―◆

選択肢を見きわめる際の「ヒント」として、問題文と設問の他、以下の点にも注目してみよう。

○ 出題者のメッセージ

過去の出題においては、問題文の分量に匹敵するぐらい、出題者による言葉（注・前書き・選択肢）が示されている。そのため、問題文だけを読んでも、それで得点できるわけではない。また、素材となる文章が、論理的文章・文学的文章のどちらであっても、それぞれに出題者の言葉がたくさん付されているので、実際に解答を導く作業の手順としてはさほど違いはない。

試験は、**「問題文」＋「注・前書き」＋「設問・選択肢」という三つのパートからなる文章**、と認識しておくとよい。

それぞれについては、以下のように考えてみよう。

解法のコツ⑤　全体的な「仕掛け」― 出題者のメッセージ

問題文……出題者と受験生のコミュニケーションのための題材。
注・前書き……問題文に示された情報だけでは受験生が解答を導きにくい場合に、出題者が補うヒント。
※これは一般の書物における「注・前書き」とは性質が異なる。
設問・選択肢……出題者が最終的に求めていることの具体的な候補。受験生が最終的に選び抜くもの。

国語の試験においては、「（問題文の）筆者の主張を正しくつかむ」ことに最終目標があるのではなく、あくまでも**「出題者の要求している解答を受験生が導く」**ことができるかどうかで受験生の力量は評価される。言い換えれば、筆者と受験生のコミュニケーションなのではなく、**出題者と受験生のコミュニケーション**こそが国語の試験の本質なのだ。

○ 問題の「仕掛け」

また、問題全体に関わる「仕掛け」をあらかじめつかんでおくことで、選択肢の見きわめの手助けになる場合もある。以下のようなことに注意してみよう。

解法のコツ⑥ 全体的な「仕掛け」―問題の「仕掛け」

〔論理的文章〕段落構成……趣旨か・例示か／中心的な内容（キーワード）があるかないか。
〔文学的文章〕場面設定……誰と誰がどうする場面か／誰の視点から描かれているか。

○ キーワード

その「仕掛け」にも関わるが、設問を解いていくにあたってカギになる言葉（キーワード）に着目することも重要である。以下のような言葉を軸にして、その語句に関連する部分の記述を追い、またその要素があるかないかで選択肢を選り分けていく……というような解き方が可能になっていく。

解法のコツ⑦ 全体的な「仕掛け」―キーワード

- 問題文中の複数段落にわたって頻出する語・語句
- 傍線部分に頻出する語句
- 注が付されている語句
- 選択肢の多くに共通する語句

◆ヒントの探索（2）—関連部分の追い方—◆

とくに**【戦略Ⅱ】**に関わるが、傍線部分の表現を軸として、それに関連する部分の記述を追っていくような読み方が得策な場合も多い。その際の**「関連する部分」**とは、具体的には以下のようなものだ。

解法のコツ⑧　関連部分の追い方—【指示語】

傍線部分にかかる指示語や、傍線部分を受ける指示語の指示内容はとくに重要である。その指示内容に相当する部分があるか否かで、選択肢の見きわめがある程度は可能になってくるからだ。

解法のコツ⑨　関連部分の追い方—【同一・類似】

傍線部分に関して、説明や補足を述べている部分は、多くの場合傍線部分と同一の表現を含む。そうした「同一表現」や、あるいは似たような意味で用いられている「類似表現」を軸にして、見きわめの手がかりを探っていくこともできる。

解法のコツ⑩　関連部分の追い方—【対比・並列】

傍線部分の内容と対比・並列されている表現も重要である。傍線部分の内容を理解する上での貴重なヒントである。

解法のコツ⑪　**関連部分の追い方—【因果関係】**

傍線部分に関して、「どのような事情でそうなったのか」「そのことによってどうなったのか」という因果関係にも注目したい。「……によって」「……のため」など、因果関係を示す語句に要注意。

解法のコツ⑫　**関連部分の追い方—【比喩】**

比喩というのは、性質の共通する別のものを挙げて、その性質を印象づけるための表現である。「たとえられているもの」と「たとえているもの」とには必ず共通点があるため、それを追っていくのだ。

以上のようなことを念頭に置いて、実際の問題を見てみよう。第1章・第2章はその「実践編」である。

第1章　論理的文章への対処

第1章では、共通テストの「論理的文章」を扱う。「どう解けばいいのか？」のページで述べた事柄を、実際に出題された過去問題に即して検討していく。設問の全体像を見る→読解の戦略を立てる→選択肢を見きわめていくという一連の手順を、具体的に確認しよう。取り上げた過去問題3題は、「どう解けばいいのか？──戦略の決定」で述べた【3つの戦略】〈戦略Ⅰ＝構成・趣旨から解く〉〈戦略Ⅱ＝文脈・前後関係から解く〉〈戦略Ⅲ＝設問・選択肢から解く〉にそれぞれ相当している。なお、実際の試験では各大問の問1に漢字の問題が設けられていたが、割愛してある。

例題1　リービ英雄「『there』のないカリフォルニア」

次の文章は、リービ英雄「『there』のないカリフォルニア」の一節である。語り手は、アメリカ合衆国の日本文学研究者である。かつて日本に住んだこともある語り手は、それまで勤めていた東海岸のプリンストン大学をやめて、カリフォルニアのスタンフォード大学に移った。以下は、語り手がカリフォルニアに移り住んでからの話である。これを読んで、後の問い（問1〜6）に答えよ。（配点　50）

四季がはっきりしていることが現実にとっても文学にとっても重要な特徴でありつづけてきた日本から来ても、あるいは、もしかすると近年の日本以上に四季の変化が豊かなアメリカ東海岸から来ても、はじめて体験するカリフォルニアの自然は、実にショッキングなものである。

スプリンクラーを止めたらたちまち砂漠にもどる芝生の上を歩きながら、広々とした、雲一つないコバルト色の空におどろく。最初にその下を歩いた日には、その空にこの惑星のものとは思えないほど「異質」でショッキングな美しさを覚えてしまった。雪と嵐(あらし)が毎年連続する東海岸の厳しい冬から逃げようというかなり単純な動機で、アメリカ人は昔からカリフォルニアに「再移民」していたのである。

コバルト色の空は、一週間いても変わらない。一か月いても同じである。一つの「季節」に相当する時間が経っても、空はぼくが来た日からほとんど何の変化もみせない。

そのカリフォルニアの空に対して、最初はとても快いおどろきを覚えた。空は開放的だった。スタンフォードの空を最初に見上げたとき、はじめて村上春樹(注1)の文章を読んだときのように、単純で明快なグッド・フィーリングを覚えた。

そんなグッド・フィーリングのために、アメリカ人はカリフォルニアに「再移民」するのに違いない。

季節の変化を束縛として感じる人はおそらく、ここで一つのパラダイスを見つけて、その中で自然の一つの「条件」から自らを解放してしまったような気持ちになるだろう、と思った。東海岸の豊かな季節の変化を苦痛と感じる人は、変化のないところに「パラダイス」を見つけるだろうと、思った。

カリフォルニアの空は、その下を歩く人々を「束縛」しない。A コバルト色の天空は、「文脈」にはならない。季節という「前後関係」を暗示しない。過去も未来もなく、永遠なる「今日」の空。ぼくがカリフォルニアに移動して住んだ一九八〇年代には、雲一つない、広々とした空を、すべてのニュアンスがはがされた、だから意味や解釈などを超越してしまった、最も「現代的」なテキストに見たてようという気持ちさえ起きたのである。

そのような気持ちは、一週間ぐらい残った。一行一行からグッド・フィーリングが滲(にじ)む、ちょっと長い短編小説とか、ちょっと短い中編小説のような、なかなかすばらしい一週間だった。

それから、日本古典文学の授業が始まった。

東海岸のプリンストンでは、季節感の細かい変化を表現の大きな軸の一つにした古代・上代の日本文学を講じることにはあまり違和感がなく、むしろ現代の日本の都市で講じるよりも「自然だ」と思えるときすらあった。

ところが、カリフォルニアに来ると、日本文学の一流の研究家たちが同じ学科にいて、学生のレベルも、プリンストンと同じか、プリンストンよりも高いにもかかわらず、和歌を教えはじめた時点から、窓に映る、きのうも今日も明日も同じコバルト色の空がひどく気になってか、ぼくはつまずいてしまった。『古今集』になるとコッケイな気持ちになって、『枕草子』[注2]まで来ると、まわりの現実とテキストのズレによって、心の中は一種のパニック状態になった。

オクラホマ出身の、九十キロもあるアメフト[注3]の選手に、額田王(ぬかたのおおきみ)についての感想を言わせると、「あ、あ、今までは春が好(よ)いと思ったけど、やっぱり秋もバカにできない、と思いました」という「結論」を渋々とのべるが、彼にはそんな実感はまったくなく、「東海岸的(イースト・コースト)」なノイローゼの結果として人間は季節などを問題にしたに過ぎない、と考えているのも明らかだ。

ましてや「冬」とか「雪景色」になると、そんなものはヨーロッパとかボストンにいた祖先たちが悩まされて、カリフォルニアにいる自分たちが卒業してしまったテーマだ、という態度が、日焼けして色白が一人もいない白人の生徒たちから伝わってくるのである。

春はあけぼの？　いいえ、毎日はあけぼの、年中はあけぼの。B俺たちにとっては、季節の区別なんて、歴史の領域なんだ。

『歴史の終わり』(注4)の著者が、カリフォルニアのシンク・タンク(注5)の研究員となったことは、不思議でも何でもない。共産主義の崩壊の前の時代にも、カリフォルニアの学生たちはすでに「歴史の終わり」を生きていた、あるいはそんな思いこみをさせてくれる環境の中で生きていたことは確かである。

秋山(注6)そ我は

春の景色と秋の景色を比べた額田王の、細かい「季節比較」の結論の日本語を「The autumn hills are for me」と英訳して朗読するぼくの声が、だんだん弱々しくなって、「カルチャー・ショック」より深刻な、一つの虚無感を覚えてしまった。

どこでもいいから、四季のある「ノーマル」な国にもどりたくなったのである。

When you get there, there's no there there.

カリフォルニアで育ち、カリフォルニアのみならず「アメリカ」そのものから逃げるようにして、パリに移り住んだガートルード・スタイン(注7)の、久しぶりにカリフォルニアに帰ったときの名言を、どう和訳すればいいのだろうか。「そこに着くと、そこにはそこがない」と直訳しても通じないから、「そこに着いても、そこには『そこにいる』、あるいは『どこかにいる』という感覚はまったくない」というふうに説明するしかない。

一九二〇年代のパリに集まったアメリカ近代文学の創造者たちにとっては、おそらくヨーロッパの都市は「there」にあふれていたのだろう。出身地の野蛮な大陸の方は、「there」のなさが致命的な欠点だったに違いない。しかし、二十世紀の終わり頃になってみると、Cカリフォルニアには「there」がないということは、逆に疲労した近代文明の「その次」の生き方を暗示している、だからかえってプラスに感じられる。少なくとも一九八〇年代のカリフォルニアの澄んだ空気には、カリフォルニアの生き方はヨーロッパや東海岸のぶあつい「there」から解放されたものだ、だからここは先端だ、そのような優越感が漂っていた（ヨーロッパ系の「再移民者」たちの他に、アジアからカリフォルニアに着いた新しい移民者たちの中にはそのように感じた人たちもいたのだろうか。それともかれらにとっては、故国の「there」はかえって消し去りにくい記憶と化したのかもしれない)。

thereにはthereがない、そこには「そこだ」という実感がない。カリフォルニアに一か月もいればスタインの名言の内容はよく分かるのだ。毎日変わらないコバルト色の、「春の」空でも「秋の」空でもない天空が、「ここ」の空でも、「そこ」の空でもない。「there」がないという地理的な虚無感も、「then」を言わせない時間の浮遊と切っても切れない関係にあるようだ。カリフォルニアは、「いつ」と「どこ」を意識の周辺に追いやった、実に不思議な「パラダイス」なのである。

日本の知識人も、ヨーロッパの知識人も、二十世紀において文化のたどりついた空洞化という意味で「アメリカナイズ」(注8)を言うとき、それは実は「カリフォルニアナイズ」を意味しているのではないか。コバルト色の空の下を、『枕草子』の講読が不毛に終わった教室から自然食品店に向かって自転車で走りながらそう考えたことがある。そして「there」さが豊かなパリから逃亡したようにスタンフォードに来て「ポスト・モダン」(注9)の楽園を楽しんでいるフランスの知識人の姿を、ガートルード・スタインに見せてあげたかった。

『枕草子』の通じない「パラダイス」にはぼくはそう長くはいられない、とカリフォルニアで日本文学を教えていた一学期目にしてもはや分かっていた。清少納言の「季節批評」はやはり「there」だらけの狭い島国の密度の産物であることを、かえってカリフォルニアで再確認することもできた。が、そんなカリフォルニアにいて、ぼくはだんだん、「批評」そのものが恋しくなってきたのである。カリフォルニアの人は、声が明るいのにニューヨークのようにジョークは通じない。皮肉は耳に入ってこない。清少納言が記録したような細やかな判断を誰も下そうとしないし、誰も受け止めようとしない。ぼくが体験したカリフォルニアは「批評」のない世界だった。**D** 東海岸から来てたちまちノイローゼになった日本語科の女子大生が言ったように、カリフォルニアは「テンキとゲンキだけの世界」だったのである。

（注）
1　村上春樹――小説家（一九四九～　）。作品に『風の歌を聴け』『羊をめぐる冒険』などがある。
2　オクラホマ――アメリカ合衆国中南部の州。
3　アメフト――アメリカンフットボールの略。
4　『歴史の終わり』――アメリカの政治学者F・フクヤマ（一九五二～　）の著書。一九九二年に発表された。
5　シンク・タンク――研究開発を行う専門家を集めた頭脳集団。
6　秋山そ我は――『万葉集』巻一に収められた額田王の長歌の末尾。
7　ガートルード・スタイン――アメリカの女性詩人、小説家（一八七四～一九四六）。
8　アメリカナイズ――アメリカ風になること。
9　ポスト・モダン――近代主義の原理を批判し、脱近代を目指す立場、状況。

戦略の決定

問題文の前に、出題者によってこの文章のテーマが「『there』のないカリフォルニア」であると提示されている。

解法のコツ⑤ ……全体的な「仕掛け」―出題者のメッセージ……

「前書き＝出題者による言葉」は、解答のヒントとする。

着眼点

全体のテーマ……「カリフォルニアには『there』がない」。

また、設問を通覧すると、以下のように、問題文全体の趣旨に関わるものが二つある。

着眼点

問5　傍線部D「東海岸から来てたちまちノイローゼになった日本語科の女子大生」とあるが、本文中には、この「女子大生」とカリフォルニア観を共有する人々(ア)と、そうではない人々(イ)の例がある。その組合せとして最も適当なものを、次の①～⑤のうちから一つ選べ。

問6　本文の趣旨に合致するものを、次の①～⑥のうちから二つ選べ。

こうしたことから**【戦略】**を立てるなら、まずは問題文全体のテーマ＝**「カリフォルニアには『there』がない」**ということを吟味し、そこから細部に切り込んでいく**戦略Ⅰ**を使うのが得策だと判断できる。

戦略Ⅰ【構成】・【趣旨】から解く

1　問題文全体のテーマを見抜く

(i) 出題者の言葉
(ii) 繰り返されている表現（キーワードなど）

に着目。→「○○は××だ」程度の一文にまとめてみる。（全体のテーマ）

→ **【構成】・【趣旨】を引き出す**

2　全体把握問題を解く

「全体のテーマの内容を踏まえているか否か」で選択肢を見きわめる。

3　部分説明問題を解く

選択肢見きわめの観点は**2**と同じ。

1　問題文全体のテーマを見抜く

問題文のテーマは「**戦略の決定**」で確認したとおりだが、**問5**をみれば、問題文の構成は、そのテーマ＝「**カリフォルニアには『there』がない**」ということを筆者のように問題視する人(ア)と、そのようなことを問題視するのはおかしいと思う人(イ)との二項対立が基調となっていることも推測できる。

解法のコツ⑥　……全体的な「仕掛け」―問題の「仕掛け」……

〔論理的文章〕　段落構成……趣旨か・例示か／中心的な内容（キーワード）があるかないかを探る。

【構成】の把握

「カリフォルニアには『there』がない」ということを

問題視する人
⇔
問題視するのはおかしいと思う人

という二項対立

では、「カリフォルニアには『there』がない」とはどういうことか。問題文を追っていきながら、「カリフォルニアにないもの」として描かれているものをピックアップしていってみよう。

a　**カリフォルニアの空は……人々を「束縛」しない。……過去も未来もなく、永遠なる「今日」の空。（ℓ16〜17）**

b　**カリフォルニアには「there」がない……「そこだ」という実感がない。（ℓ53）（ℓ59）**

c　**カリフォルニアは「批評」のない世界だった。（ℓ74）**

まとめるならば **a**「束縛」や「過去・未来」がない・**b**「実感」がない・**c**「批評」がない、ということだ。それぞれに関連する記述を探っていくと、**a**に関しては時間の「前後関係」だとされている。これは**c**の前にある「清少納言の『季節批評』」にもつながるもので、要するに

【趣旨】の把握

(i)「季節の変化・時間の流れ」がない→「批評が成立しない」

↑ それゆえ

(ii)気分的な「束縛」もなく、したがって「実感」もない

ということになるわけだ。この(i)・(ii)を踏まえれば、それぞれの設問はおおむね「芋づる式」に解けていく。

設問にとりかかる前に、**戦略Ⅰ**の「攻め方」の方向性を確認しておこう。

解法のコツ①　……「攻め方」の方向性──戦略Ⅰ……

問題文【構成・趣旨の把握】

↓

設問【全体把握問題】→設問【部分説明問題】の順で攻める。

2　全体把握問題を解く

こんなふうに読めてくると、設問は全体の趣旨把握問題から解いていった方がわかりやすい。まずは**問6**の選択肢群を見てもらいたい。

全体把握問題を解く　1

問6　本文の趣旨に合致するものを、次の①〜⑥のうちから二つ選べ。順序は問わない。

①×　二十世紀の末、近代文化の中心であるヨーロッパやアメリカ東海岸では、文化の空洞化という行き詰まった現象を呈してしまったが、そうした問題から基本的に自由なカリフォルニアは、近代文明を超える新たな文明形態を創出することに成功するだろうと筆者は予想してある。

②×　筆者は、一九八〇年代のカリフォルニアにおいて、意味や解釈を超越した最も「現代的な」文化を体験することにより、アメリカ東海岸や日本の生活の中で培われた自分の文化的な基盤をすっかり崩壊させて、自我のありかを見失ってしまった。

③×　筆者は、一九二〇年代におけるガードルード・スタインのカリフォルニア観を逆転させて、今やカリフォルニアが近代文明を超える「パラダイス」であることを明らかにしつつ、新たな文学創造のためには「いつ」と「どこ」への執着を捨て去ることが必要だと示唆している。

④　筆者はアメリカ東海岸と日本に生活する中で、季節の区別に結びついた多くの文化事象を当たり前のものと思い込んできたが、カリフォルニアを体験することによって、それらが、固有の自然や歴史の中で築き上げられてきたものであることに気づいた。

⑤　「ポスト・モダン」の楽園を一九八〇年代のカリフォルニアで享受し続ける知識人とは違って、筆者はそこで十分には満足しえず、ニュアンスに富み、解釈や批評や皮肉が可能になる場所、あるいは『枕

草子』の「季節批評」が共感をもって語られうる世界に戻りたくなった。

⑥　カリフォルニアの人々には清少納言の「季節批評」が理解されなかったので、季節に対する人間の態度や関心は、彼が生きている風土に根本的に規定されていて、すべての人間に共通の了解を打ち立てることは不可能だと考えて、筆者はカリフォルニアを去った。

このように、カリフォルニアに(i)「季節の変化・時間の流れ」がない……ということに言及している選択肢は④・⑤・⑥の三つだけである。他の三つはこの点を踏まえていないのでカットできる。④・⑤・⑥の三つの中から二つを選ぶ作業は、それぞれの違いを見定めていけばよい。④・⑤が**筆者自身の東海岸とカリフォルニアとを比べての個人的な思いに終始しているのに対し、⑥が「すべての人間に……」というふうに拡げてしまっている点**、および⑥の後半の「筆者はカリフォルニアを去った」に相当する記述が問題文中に見られない点などを踏まえて、④・⑤の二つに絞ればよいわけだ。

これを一歩進めて、「(i)・(ii)を問題だと感じる人」（＝カリフォルニアに抵抗を感じる人）と「(i)・(ii)に抵抗を感じない人」（＝カリフォルニアに安らぎを感じる人）という二項対立の図式を捉えれば、**問5**も延長線上で解けてしまう。

問5　傍線部**D**「東海岸から来てたちまちノイローゼになった日本語科の女子大生」とあるが、本文中には、この「女子大生」とカリフォルニア観を共有する人々(ア)と、そうではない人々(イ)の例がある。その組合せとして最も適当なものを、次の①～⑤のうちから一つ選べ。

全体把握問題を解く 2

①
(ア) カリフォルニアには「there」がないと嘆いたガートルード・スタイン。
(イ) 二十世紀において文化のたどりついた空洞化を批判する日本とヨーロッパの知識人。

②
(ア) 東海岸の厳しい冬から逃げるようにしてカリフォルニアに「再移民」したアメリカ人。
(イ) 故国の「there」が心のなかで、消し去りにくい記憶と化しているアジアからの移民。

③
(ア) 季節の変化を束縛と感じて、カリフォルニアにパラダイスを見つけた人。
(イ) 『枕草子』を講じながら、まわりの現実とテキストのズレによって、パニック状態に陥った筆者。

④
(ア) カリフォルニアに居続けて、だんだん「批評」そのものが恋しくなってきた筆者。
(イ) 四季の区別が問題にされたのはノイローゼの結果だと考えているらしいアメフトの選手。

⑤
(ア) スタンフォードで「ポスト・モダン」の楽園を楽しむフランスの知識人。
(イ) カリフォルニアの空に単純で明快なグッド・フィーリングを覚えた筆者。

それぞれの選択肢に挙げられた人物を**「抵抗」派**と**「安らぎ」派**とに分けてみよう。選択肢の文言（主に**「何に対して・どう思っているか」**という部分＝赤で示した部分）を見るだけで、おおよそ以下のような区分はできまいか（選択肢だけを見てわからなければ問題文と照合してみればよい）。カリフォルニアを批判的に見ている、あるいはカリフォルニアにはない「there」性をもっているのが**「抵抗」派**、逆にカリフォルニアに安住している、あるいはカリフォルニア以外のあり方に抵抗を感じているのが**「安らぎ」派**である。

【構成】の把握

「抵抗」派……①ア・①イ・②イ・③イ・④ア

⇔　二項対立

「安らぎ」派……②ア・③ア・④イ・⑤ア・⑤イ

(ア)が「抵抗」派・(イ)が「安らぎ」派、というふうにきちんと割り振られている選択肢は④しかない。こんなふうに、まずは全体把握の設問を解く作業の中で、この大問の全体像を把握しておく。その上で部分説明の選択肢問題に目を移していくと、あっさりと見きわめがつくようになるはずだ。

3　部分説明問題を解く

部分説明の選択肢問題に際しては、「**どう解けばいいのか？②**　**選択肢の見きわめ**」でも述べたように基本的には**「選択肢をヨコに読む」**ということだ。その際、**趣旨・構成がはっきり見抜けた場合（戦略Ⅰで解く問題）には、それに絡む内容を見きわめのポイントにしていく**とよい。

解法のコツ②　……視点の移動 ― ある要素の有無……

戦略Ⅰで解く問題＝見抜いた【構成】・【趣旨】に関連する内容を見きわめポイントとする。

もう一度繰り返すが、この文章の趣旨は以下の二点だ。

【趣旨】の把握
(i) カリフォルニアには「季節の変化・時間の流れ」がない。
(ii) カリフォルニアには気分的な「束縛」がなく、したがって「実感」もない。

部分説明問題を解く　1

問2　傍線部**A**「コバルト色の天空は、『文脈』にはならない」とあるが、それはどういうことか。その説明として最も適当なものを、次の①～⑤のうちから一つ選べ。

①　カリフォルニアの常にコバルト色をした空の下では、季節の変化がある土地に生まれた文学作品の筋や論旨を正しく解釈できないということ。

②×　地球のものとは思えないほど「異質」な印象を与えるカリフォルニアの空は、人間の地上の営みの意味を鮮明に浮かび上がらせる背景とはならないということ。

③×　どこまでも明るいカリフォルニアの空には、自然現象と文学作品が脈絡のある関係を結んでいると認識させるものはないということ。

④×　雲一つなく晴れ渡ったカリフォルニアの空は、人間の言葉を寄せ付けないので、筋道の整った文章表現の中に取り込めないということ。

⑤　(i)季節の変化がないカリフォルニアの空の下では、四季の変化が人間の生活と織り成して作る(ii)時間の推移を、他の土地でのようには感じられないということ。

⑤の選択肢だけが、(i)・(ii)の二点をきちんと踏まえているということは明らかである。「季節の変化がないカリフォルニア」という前半の表現が(i)に、「時間の推移を……感じられない」という後半の表現が(ii)に、それぞれ相当している。他の選択肢はいずれもこの両方のポイントを外している。とくに(ii)の方については、選択肢を見比べると、「実感」に相当する文言が⑤以外のどれにもない。①の「解釈」・②の「意味」・③の「認識」・④の「筋道」……、いずれも**人間の理性のはたらきに根ざすもの**である。(ii)を**フィーリングの問題、リアリティの問題**として捉えているのは⑤だけである。同様に次の設問の選択肢もあっさり選べる。

部分説明問題を解く　2

問3　傍線部**B**「俺たちにとっては、季節の区別なんて、歴史の領域なんだ」とあるが、それはどういう意味か。その説明として最も適当なものを、次の①～⑤のうちから一つ選べ。

① 季節の区別は、かつて人間が季節の変化に病的に反応した結果意識された問題であり、すでにそうした病から癒やされているわたしたち現代人にとっては、それはただ、歴史的関心の対象にすぎない。

② 季節の変化のある土地の人々は、今でも季節の問題に悩まされているが、カリフォルニアではすでにそれについての判断が確定しており、カリフォルニアに現在生きている自分たちには「卒業」済みの問題にすぎない。

③ 季節の変化のある土地の人々は、季節の区別に古くからとらわれてきたが、カリフォルニアに生きる自分たちは、そうした思考があることを知っていても、それは(ii)実感をともなった今の問題にはなりにくい。

④　季節の区別の問題は、東海岸の厳しい冬を体験している自分たちには、依然としてやはり重要なテーマであるが、すでに「歴史の終わり」を生きているカリフォルニアの学生たちにとっては興味を引くものではない。

⑤　季節の区別についての評価は、過去の文学作品が精力的に取り組んですでにおおよその共通理解が出来上がっているので、現代世界に生きるわたしたちがいまさら議論する価値のある問題ではない。

ここでいう「俺たち」とは、カリフォルニアに馴染んで暮らす人々（**問5**の(イ)の人々）を指す。その点から見ても、「わたしたち現代人」として捉えている①や、「現代世界に生きるわたしたち」としている⑤は的外れである。残る②・③・④について見ていくと、(i)の点は、それぞれ（多少不十分なものはあるが）踏まえられている。ただ、(ii)の点、つまりは「実感」がない、ということをきちんと踏まえた選択肢を探してみると、③の後半「実感をともなった今の問題にはなりにくい」以外にはない。②の**「判断が確定しており」**や④の**「興味を引くものではない」**というのは誤りである。では、残る**問4**はどうか。

部分説明問題を解く　3

問4　傍線部Ｃ「カリフォルニアには『there』がないということは、逆に疲労した近代文明の『その次』の生き方を暗示している、だからかえってプラスに感じられる」とあるが、どうして「カリフォルニア」のもつ意味が「プラス」に転じるように感じられるのか。その理由の説明として最も適当なものを、次の①〜⑤のうちから一つ選べ。

① 本来「there」をもたないカリフォルニアは、ヨーロッパやアジアをはじめ世界の各地から、それぞれの「there」をもった移民を受け入れてきたので、そこでは、近代文明の支配的な傾向であるヨーロッパ的な「there」をしのぐ、混合的な「there」を創造できるように思われるから。

② ヨーロッパやアメリカ東海岸は近代文明の先進地域であったが、しかし「there」の過剰な蓄積に人々は苦しんでいるので「there」をもたないカリフォルニアこそが、未来に向けて、新たな「there」を作り上げていくために最良の場所であるように思われるから。

③ 豊かな「there」を蓄積させてきた近代文明は人々を魅惑したが、今やその「there」が重荷として人々を束縛するようになったために、「there」がないというカリフォルニアの欠点が、「there」そのものからの解放の可能性を示しているように思われるから。

④ 近代文明の基本的な欠陥は、豊かな「there」という理念に執着したことにあったが、カリフォルニアは近代の初頭から一貫して「there」をもつことを拒否し続けてきたので、近代文明を乗り越えていこうとする試みにとっては、一つの貴重なモデルとなりうるように思われるから。

⑤ カリフォルニアばかりではなくアメリカ大陸全体が、かつては「there」をもたない「野蛮」な土地とみなされたが、近代文明が衰退してくることによって、その「野蛮」さが、近代文明の認めることのできなかった、人間が本来実現すべき理想的な生き方を蔵（ぞう）しているように思われるから。

これについては、設問に「**どうして『カリフォルニア』のもつ意味が『プラス』に転じるように感じられるのか**」とある点に注意。つまり、**(i)・(ii)のよい面とは何かということを聞いている**のである。主に(ii)の方から考えていけば、「**束縛」がないことのメリット**、という内容だとすぐに思い至るだろう。それを踏まえて選択肢群を見れば、③の「**『there』が重荷として人々を束縛するようになったため……解放の可能性**」が最適だとわかる。②の前半部分はそれに近いニュアンスをもつが、後半で「新たな『there』を作り上げていく」とされているところが矛盾している。①・④・⑤はこの点に言及する文言はない。まったく的外れ、ということになる。

このように、まずはじっくりと**全体の構造・趣旨を見抜き、それを踏まえた上でそれぞれの選択肢を見ていく**と、正解の選択肢が見分けやすくなる。

だが、このように解ける問題ばかりとは限らない。趣旨が見抜きにくい問題文や設問にはどう対処するかが次の課題である。

例題２　富永茂樹『都市の憂鬱』

次の文章を読んで、後の問い（問1〜6）に答えよ。（配点　50）

チェーザレ・パヴェーゼ[注1]の日記には「何月何日のところに……ということを追加」あるいは「何月何日に書いたことからは……という結論になる」といった記述がしばしば登場してくる。しかも追加される内容は、当日は記さずにあとになって思い出した出来事ではなく、きわめて抽象的な思念である。ただひたすら自分の日記に読みふけっている作者の孤独な姿がありありと浮かんでくるようだ。日記（いちいち断るのはわずらわしいので、ただ日記とだけしておくけれども、journal intime[注2] 正しくは個人がその内面を書き記した日記）をつけること自体、あるいはそれを公刊さえすることを、近代精神の《病》と呼んだポール・ブルジェ[注3]であれば、病はここで極頂にまで達したと評したかもしれない。だが、いかに病気と呼ばれようとも、ある種の人びとにとって、日記はただ毎日つけるだけでは十分ではない。それを繰り返し読み、かつ意見を追加してゆかなければいけないのだ。再読と記述の追加とは、日記を書くという行為の何か本質的な部分につながっている。

　というのも、ここでは日記を一つの保存装置、とりわけ《自己》を保存する容器と考えたいのだが、何であれ、また何のためであれ、保存するということは、その保存したものを将来いつか取り出してくるのを前提としているはずだからである。今日つくったジャムをいつかは食べるなどとはまったく考えもしないで、瓶に密封するひとがいるだろうか。もっとも、時がたつにつれて、保存したことそのものを忘れてしまう場合はあるけれども――われわれの多くの日記のつけ方はこれにあてはまるだろう。しかしパヴェーゼは、けっして忘れることなく、ときどき瓶のふたを開いてはジャムを少しずつなめるような具合に、自分の日記を読みかえし、そのうえ新たな味つけまでしているのだ。（つまり）A<u>保存という作業の基本を忠実に守っているわけである</u>。

　だがそれにしても、保存するものがジャムであるのと自己であるのとでは、保存の姿勢がずいぶんと変わってくる。

ジャムの保存は、密封した瓶をあけて内容物を消費しつくした時点でその目的は達成され完結する。他方で日記の再読にあっては、保存の対象はある種のかたちで消費されるとはいえ、しかし減少することはけっしてなく、逆に、記述の追加を通してたえず自己増殖をつづけてゆくだろう。このちがいは小さくない。保存したものが自己増殖するという点で、日記を書くということは、むしろ蓄財やあるいは切手、昆虫などの収集に似ているかもしれない。日記に記された内面と同様に、資本もまた自己増殖をつづける――少なくとも最初からそれが消滅することは願われていない――のであり、しかもそのことを確認するために、資本家はたえず帳簿に目を通さなくてはならない。切手の収集家もまた、日毎ふえてゆく収集品を前にしてほくそえみ、逆に、せっかく集めたものがたった一つでもなくなればひどく嘆き悲しむであろう。

古代以来の日記文学の伝統のあるわが国は措くとして、ヨーロッパにおいては、日記の発達は商人のつける会計簿に一つの起源があるようだ。言いかえれば、自己の内面を日記に綴るということは、自己を一種の財と見なして蓄積することであり、それは一方で資本主義、他方で個人主義という、ともに近代ヨーロッパの根幹をなすとも言うべき考え方の成長をまってはじめて現実のものとなった。収集がただの趣味以上のものとして広く行われるようになるのも、おそらくは(注4)ブルジョワ社会においてのことであって、ここでも同じ原理が作動しているはずである。ただし、財の蓄積、保存とは言っても、収集や蓄財の場合に対象となるのはいつでも他の財と交換が可能な財であり（たとえば貯めたお金で家を購入する）、したがってこの保存はまだ目的のための手段という性格を多少とも残しているのにたいして、日記に記される自己の他のものに変わりうる余地はほとんどない。それゆえにこそ、日記においては手段の自己目的化が蓄財や収集にもましていっそう激しく進行するのだが。

資本家の帳簿とほとんど等価な自己の記録、つまり何ごとかのための手段として記される日記は、しかし、たしかに存在している。いやそうした日記のほうがむしろ多数であるのかもしれない。明日のより多くの収入を念じながら今夜のうちに会計簿の記帳を怠らない商人と同じ姿勢で、よりよい自己の実現、向上をめざして、とりわけ反省に多くの部分をさいて綴られる日記である。「菓子を食ひすぎたり、菓子は之より断然廃すべし(注6)」と明治三〇年に記したのは西田幾多郎(注5)であるが、殖産興業の理念が支配するこの時代に即応して発行された博文館の常用日記のなかに同様の反省を書きつけたひとは、西田以外にも少なくはなかっただろう。ここでは明らかに、自己の内面を記録することは、克己、向上という目的に従属した手段にとどまっている。これにくらべるならば、先のパヴェーゼの日記、また「日記は私の社交界、私の仲間」であると記すアミエル（注7）の日記は、外部への道を閉ざされ、自己の向上をめざすかわりに、ひたすら自己への沈潜・耽（たん）溺（でき）に終始している点で対照的な性格の日記である。

おそらくは、堅実な（つまり一定の目標をもった）資本家がやがて金をためることだけが目的の守銭奴に堕し、また博物学的興味から何かの収集をはじめたはずの収集家がいつのまにか集めることそれ自体に情熱を傾けるにいたるのと同じ過程でもって、向上のための自己の記録が、自己というものに執着し沈潜する日記に転じたのだった。この自己目的化あるいは自己疎外は、やはり逸脱、倒錯そして結局のところ病としか呼びえないものだろうか。そうではあるにせよ、しかし注目しなければならないのは、こうした逸脱が実は近代社会に内在する性格の縮図にもなっているという点である。たとえば美術館、博物館また古文書館など、その制度化と公開が近代以前の社会では考えられなかったのを思い出すならば、われわれの社会においては、個人のレヴェルで収集癖や日記の習慣が定着するとともに、全体としても、単純な消費の対象とはならない知識や財を記録し保存し、要するに永遠化することに多大のエネルギーが投じられているのがわかる。自己の記録に拘泥する日記の向こう側に透けて見えてくるのは、近代以降の社会に生きるわれわれに宿命的なフェティシズム（注8）にほかならない。

日記が保存する対象は、瓶詰のジャムとは、またお金や収集品とさえ異なる、きわめて特殊な財であり、それゆえに日記は、あらゆる保存装置のうちでもっとも完全なあるいは忠実な、ということはもっとも不幸な装置になってしまった。こうした出口のない迷路のような日記は、しかし、保存という行為の本質を何にもまして純粋に守り、いかなる現実の目的にも拘束されないだけに、逆にある種の自由ないし解放を作者にもたらしもするとは言えないだろうか。日記の機能を極度に追求した日記は、自己にとって牢獄（ろうごく）であるとともに、想像力がはばたきはじめる場所でもあるのだ。自己目的化ということでは共通している蓄財や収集癖も、依然として事物とのつながりを残している点で、日記の純粋さには及ばない。同じく毎日綴られながらも、備忘録や反省の記録にあっては、記憶は個々の現実のなかで消費し尽くされて姿を消してしまう。これにたいして、たえず自己にまつわる記憶を喚起し、それを想像力に結びつけて、存在の感覚を確認することと——これこそが、パヴェーゼのような日記作家の、自分の日記を再読し新たな記述を追加するさいの、D一見したところ苦渋にみちてはいるが、それでも他の何ものにも換えがたい楽しみであったにちがいない。

（注）1　チェーザレ・パヴェーゼ——イタリアの詩人（一九〇八～一九五〇）。
2　journal intime——フランス語。ここでは「内面の日記」の意味。
3　ポール・ブルジェ——フランスの作家、批評家（一八五二～一九三五）。
4　ブルジョワ——ここでは近代ヨーロッパの有産者。
5　西田幾多郎——哲学者（一八七〇～一九四五）。
6　博文館の常用日記——出版社の博文館が明治期から発売している日記帳。
7　アミエル——スイスの哲学者、文学者（一八二一～一八八一）。
8　フェティシズム——特定の事物を極端に愛する性向。

戦略の決定

例題１と違って、こちらは前書きに出題者によるテーマが示されていない。問題文の表題も『都市の憂鬱』という漠然としたものだ。また、問題文全体を見渡しても、キーワードがしばしば出てきているわけでもない。

着眼点

問題文全体のまとまりが見えにくい。

設問も、文中の傍線部分四箇所にそれぞれ対応した部分説明問題が設けられている。このような類の問題に出会った時には、まず傍線部分の表現に注目してみよう。その上で、指示語の指す内容や同内容の言い換え、補足説明している箇所などの関連する表現（関連する部分）を追い、各設問の選択肢を絞り込むためのポイントを抽出するのだ。そうして部分部分に絡む設問をひとつひとつ片付けていくうちに、全体把握の問題も解きやすくなる。つまり**戦略Ⅱ**を使って解いていく。

着眼点

傍線部Ｂに含まれる指示語……「ここでも」
傍線部Ｃに含まれる指示語……「こうした」
傍線部Ｄにかかる指示語………「これこそが」

戦略Ⅱ 文脈・前後関係から解く
（「部分」から「全体」へのアプローチ）

1
傍線部分の表現をチェックする

2
【関連する部分】を探索する

(ⅰ)【指示語】
(ⅱ)【同一表現】・【類似表現】
(ⅲ)【並列表現】・【対比表現】
(ⅳ)【因果関係】
など

各設問の見きわめのポイントを抽出する

3
部分説明問題を解く

2で抽出したポイントを用いて。

4
3を手がかりに全体把握問題（もしあれば）を解く

「**戦略の決定**」でみた「**関連する表現**」とは、具体的には以下のようなものだ。

【関連する部分】の追い方

解法のコツ⑧……傍線部分に関わる【指示語】

・傍線部分に含まれているもの
・傍線部分にかかっているもの
・傍線部分を指しているもの

などの指示語の指示内容は、きちんと押さえておく。

解法のコツ⑨……傍線部分の【同一】・【類似】の表現

・他の箇所で用いられている同じ言葉に要注意
……繰り返し使われている⇓重要だから・キーワードだから。

「つまり」
「いいかえれば」……（換言の接続詞）
「も」………………（並列の副助詞）

などに要注意…同種の内容を導く場合に用いられるものだから。

解法のコツ⑩……傍線部分と【対比】・【並列】されている表現

「しかし」「一方」などの対比の接続語に要注意。何と何とがどのように対比されているのかを、きちんと見きわめておこう。

解法のコツ⑪ ……傍線部分に関わる【因果関係】

傍線部分が、

一、どのようにして生じたのか（前提・条件・原因）

二、そのことによってどうなったのか（影響・効果・結果）

ということを見きわめておこう。「だから」「したがって」などの接続語や、「……によって」などの表現に注意。

これらを踏まえて、それぞれの傍線部分を検討しながら、まずは部分説明の問題を解いてみよう。

解法のコツ① ……「攻め方」の方向性―戦略Ⅱ……

設　問【部分説明】← 問題文【設問に関連する部分】

↓

設　問【全体把握】の順で攻める。

最初は傍線部**A**から。直前に「つまり」という要約・換言の働きをもつ接続詞が用いられている。したがって、

解法のコツ⑨……関連部分の追い方―同一・類似の表現……

「ときどき瓶のふたを開いてはジャムを少しずつなめるような具合に、**自分の日記を読みかえ**し、その上**新たな味つけ**までしている」（ℓ14〜15）

＝　つまり（換言）

傍線部A

その「新たな味つけ」とは、前段落の記述によれば「日記はただ毎日つけるだけでは十分ではない。それを繰り返し読み、かつ意見を追加してゆかなければいけないのだ」（ℓ7〜8）ということ、要するに、

新たな味付け＝「コメントを追加すること」

である。だとすれば、ここでは、

「保存という作業の基本」＝（i）「自分の日記を読みかえ」すこと
（ii）「記述を追加する」こと

の二点を意味する。

ここまで押さえてから選択肢群を見てみよう。

部分説明問題を解く　1

問2　傍線部**A**「保存という作業の基本を忠実に守っている」とあるが、それはどういうことか。最も適当なものを、次の①～⑤のうちから一つ選べ。

①　保存において重要なのは、現状をそのまま残すことだが、日記を後世に残すために種々の工夫をこらすパヴェーゼの行為は、現在のあるがままの事実を忠実に将来に伝えようとする営みであるということ。

②　保存物が腐らないような密閉性の高さこそが保存の要点であるが、?日記を一人の読者として点検するパヴェーゼの行為には、自己の内面を純粋に密封しようとする姿勢が見られるということ。

③　保存のためには、人工的に手を加えることが必要であるが、その日の日記を記すだけではなく、(ii)後から日記に記述を追加するパヴェーゼの行為は、保存に必要な加工にあたるということ。

④○　保存をするのは保存物を何らかの形で用いるためであるが、(i)自分で自分の日記を読み、(ii)場合によっては記述を追加するパヴェーゼの行為は、保存物の使用という点で保存の目的にかなっているということ。

⑤　財産の保存は、その財が自己増殖していく点に特徴があるが、その日の日記を書くだけでなく、(ii)後から記述を追加していくパヴェーゼの行為は、自己をしだいに増殖させていくような行為となっているということ。

(i)・(ii)ともに踏まえている選択肢が④しかないことは一目瞭然であろう。そもそも(i)の内容＝**「自分で自分の日記を読みかえす」**ということについて触れている選択肢は④しかないのである。②の「点検する」では(ii)の方が弱い。③・⑤は(ii)だけで(i)がない。①の「種々の工夫」では具体的内容がわからない。したがって、正解は④。

では次、**問3**傍線部**B**の冒頭は「ここでも」である。

一、この「ここ」とは何なのか？

二、「ここでも」とは何と同じなのか？

を、問題文中から探していこう。このような場合「も」の字は大きなヒントになる。この傍線部分の前の文では「収集がただの趣味以上のものとして広く行われるようになるのも」と述べられている。だとすれば、

解法のコツ⑧　……関連部分の追い方―指示語……

「ここ」＝「収集が（単なる趣味以上のものとして）行われる」

と捉えるのが妥当である。では、「も」で並べられているもう一方は何か。常識的に考えれば、前の文の主語（主部）であろう。「彼は遅刻した。私**も**遅刻した。」というふうに、「も」は基本的には前文の同じ要素を受けるものだ。さらに前の文を追っていくと「自己の内面を日記に綴るということは」が主部になっている。

ということは、「ここでも」からわかるのは、

(i)**「日記を綴ること」**

(ii)**「単なる趣味以上の収集」**　←**「同じ原理」が作動している**

ということだ。これだけ押さえて選択肢群を見てみよう。

部分説明問題を解く　2

問3　傍線部**B**「ここでも同じ原理が作動している」とあるが、何について、どのような「原理」が「作動」していると考えられるか。最も適当なものを、次の①～⑤のうちから一つ選べ。

① 近代ヨーロッパにおいて蓄財の精神が働いているのと同じように、ブルジョワ社会においても、財の蓄積を尊ぶ資本主義の原理が働いているということ。

○
② (i)自己の内面を日記に綴る営みの背景に○資本主義と個人主義の成長という原理が見られるように、(ii)趣味の域を超えた収集活動の広がりにもそのような背景があるということ。

③ (ii)収集はただの趣味以上のものであるが、収集活動と趣味活動の双方に、ブルジョワ社会を支える資本主義と個人主義の原理が働いているということ。

④ 資本主義と個人主義という二つの原理が近代ヨーロッパの基本的な精神を形成したように、その二つの原理が同じようにブルジョワ社会を形成したということ。

△
⑤ (i)日記の発達の起源に財の蓄積という×商業活動の原理があったように、(ii)収集活動が趣味以上のものとなっていくのも×商業活動のためであるということ。

(i)・(ii)ともに含んでいるのが②と⑤の二つ。③には(ii)はあるが(i)がない。①・④にはどちらもない。②と⑤の違いは、②が「**資本主義と個人主義の成長という原理**」としているのに対して、⑤が「**商業活動の原理**」としている点。問題文に再び戻ると「一方で資本主義、他方で個人主義という、ともに**近代ヨーロッパの根幹をなすとも言うべき考え方**」とある。②の「資本主義と個人主義の成長という原理」という表現はこの部分を言い換えたものと考えられるから、⑤よりは②がベター、というわけだ。

続いて**問4**傍線部**C**。ここにも「**こうした逸脱**」という指示語がある。この指示内容を追っていこう。

解法のコツ⑧　……関連部分の追い方 ― 指示語……

こうした**逸脱**

「この**自己目的化**あるいは自己疎外は、やはり**逸脱**…としか呼びえないものだろうか」

＝

「向上のための自己の記録が、自己というものに執着し沈潜する日記に転じた」（ℓ45）

そしてこの(i)「**日記の自己目的化**」は、さらに前の記述を追えば、

「堅実な……資本家がやがて金をためることだけが目的の守銭奴に堕」すること（ℓ43）

↓「**蓄財の自己目的化**」(ii)

「博物学的興味から何かの収集をはじめたはずの収集家がいつのまにか集めることそれ自体に情熱を傾けるにいたる」こと（ℓ43〜44）↓「**収集の自己目的化**」(iii)

と「**同じ過程**」だとされているのである。

以上を整理すれば、傍線部分の「こうした逸脱」の指示内容は、

直接には(i)「**日記の自己目的化**」。ただし、(ii)「**蓄財の自己目的化**」や(iii)「**収集の自己目的化**」という内容も含めて語られているわけだ。

ここまで読んでから、選択肢群に目を移そう。

部分説明問題を解く　3

問4　傍線部**C**「こうした逸脱が実は近代社会に内在する性格の縮図にもなっている」とあるが、それはどういうことか。その説明として最も適当なものを、次の①～⑤のうちから一つ選べ。

○①　日記が、自己の向上のための記録から、(i)自己目的化した日記へと転じたことと、近代社会において(iii)美術館や博物館など事物の収集それ自体に多大なエネルギーを傾ける設備が成立したこととは、同じ精神にもとづいているということ。

②　近代社会において、個人のレヴェルでの収集や×自己の記録である日記が定着し、趣味以上のものとして普及したのと同様に、美術館や博物館・古文書館が制度化され、収集されたものが広く一般に公開されるようになったということ。

③　一定の目標を定めて金銭を蓄積していた資本家が、金を貯めることだけが目的の守銭奴と化したように、日記を書くことで日々の反省をしていた日記の書き手も、×自己の向上それ自体に深くこだわるようになったということ。

④　近代の資本主義社会で、個人が消費の対象にならない知識や財を記録・蓄積し、保存するようになったのは、美術館や博物館・古文書館の制度化や整備による影響から生じたことで、両者には共通の価値観が見られるということ。

⑤　×自己の記録に拘泥する日記が、個人主義に根ざした病を反映する一方で自己の蓄積と再生を目的とするように、近代以前の社会では考えられなかった美術館や博物館などの公開も、知識の保存と更新を目指しているということ。

よく見ると、(i)を踏まえている選択肢は①のみである。そもそも④には「日記」が登場しない。②・⑤は「記録」として日記を捉えているだけで**「自己目的化」に触れていない**。③は「自己の向上それ自体」としているのでこれもずれている。「記述することそれ自体」にこだわること＝「自己目的化」なのである。したがって、正解は①。これはきちんと(iii)との関連も踏まえられている。

最後に**問５**傍線部**D**について。この傍線部**D**は、前行の「これこそが」という主語を受ける述部になっている。そのことに注目して、「これ」の指示内容を追っていこう。

解法のコツ⑧　……関連部分の追い方—指示語……

「これ」

＝

「たえず自己にまつわる記憶を喚起し、それを想像力に結びつけて、存在の感覚を確認すること」

↑（具体的には）（ℓ60～61）

「パヴェーゼのような日記作家」がその営みを行った……とされている。

さらにこの「これ」に関しては、前文で「これにたいして」という対比の表現に導かれており、「蓄財や収集癖」や「備忘録や反省の記録」と対比されていることも読みとれる。以上を整理すると、このようになる。

解法のコツ⑩ ……関連部分の追い方 ― 対比・並列表現……

蓄財や収集癖＝自己目的化してはいるが、事物とのつながりがある。

⇔

傍線部D＝日記（記憶の喚起・想像力・存在の確認）

⇔

備忘録や反省の記録＝毎日綴られるが、消費しつくされて姿を消してしまう。

要するに、**「事実の記録」**ではなくて**「記憶・想像力」**なのだ……ということだ。これだけ押さえてから選択肢群に目を移そう。

部分説明問題を解く 4

問5 傍線部**D**「一見したところ苦渋にみちてはいるが、それでも他の何ものにも換えがたい楽しみであったにちがいない」とあるが、ここからうかがわれる筆者の日記に対する考え方に合致するものを、次の①～⑤のうちから一つ選べ。

① 保存という行為の本質を純粋に追求した日記は、出口のない迷路であるとともに、再読や新たな記述の追加によって想像力が解放される場所でもある。

② 日記を記述することは、逆に記憶を希薄にするという作用を持つが、日記を読むことを通して、記憶を喚起し、それを想像力に結びつけて、存在感を味わうことができる。

③ 日記の機能を極度に追求したために、外部への道を閉ざされたような日記は、自己への沈潜・耽溺に終始する一方で、自己を完全に保存してくれるものとなる。

④　日記は、蓄財や収集の場合と違い、保存した自己を他のものと交換することはできないが、それだけに自己を不変のものとして保存するという楽しみがある。

⑤　個人が内面を書き記した日記は、自己目的化や自己疎外を通して近代精神の病をもたらすが、一方において、知識や財を記録し、永遠化する楽しみがある。

「記録」についてしか触れていない⑤は不適切。「近代精神の病をもたらす」という点も重大な誤りである。③の「自己を完全に保存してくれる」や④の「自己を不変のものとして保存する」というのも、**「想像力」による存在の再確認**というニュアンスからは遠い。①の「想像力の解放」や②の「記憶を喚起し、それを想像力に結びつけて……」はこの点はＯＫ。ただし②は、「日記を記述すること」と「日記を読むこと」とを分けている点で誤り。**問２**で見たように、パヴェーゼの日記における**「保存という行為の本質」とは、読みかえした上で「記述を追加する」**ことにあるのだから、両者は不可分なのである。したがって、正解は①。

ここまで考えを進めたところで、正解の選択肢をもう一度確認してみよう。

問２　④　保存をするのは保存物を何らかの形で用いるためであるが、自分で自分の日記を読み、場合によっては記述を追加するパヴェーゼの行為は、保存物の使用という点で保存の目的にかなっているということ。

問３　②　自己の内面を日記に綴る営みの背景に資本主義と個人主義の成長という原理が見られ

るように、趣味の域を超えた収集活動の広がりにもそのような背景があるということ。

問4 ① 日記が、自己の向上のための記録から、自己目的化した日記へと転じたことと、近代社会において美術館や博物館など事物の収集それ自体に多大なエネルギーを傾ける設備が成立したこととは、同じ精神にもとづいているということ。

問5 ① 保存という行為の本質を純粋に追求した日記は、出口のない迷路であるとともに、再読や新たな記述の追加によって想像力が解放される場所でもある。

これらから、この問題文の全体を貫くもの（として出題者が想定しているもの）が見えてくる。

(i)「自己目的化した日記」
＝
(ii)「自己の保存」「想像力の解放」

ということが軸にあり、

それらは(iii)近代社会特有の原理＝「資本主義」と「個人主義」を背景とするものである……

ということだ。この三点をもとに**問6**の選択肢群を見てみよう。

全体把握問題を解く　1

問6　本文における筆者の主張に合致するものを、次の①〜⑥のうちから二つ選べ。ただし、解答の順序は問わない。

①　日記という保存装置に保存された自己も、消費されうる点で、瓶に保存されたジャムと同じだが、その消費のあり方はジャムと大きく違っている。日記に保存された自己の場合、収集された切手や昆虫と同じく、×消費されることが最初から期待されていない。

②　日記を書くという行為の本質的な部分にあるのは、日記を書く人物の孤独であるため、自己を増殖させたいという願望が生まれる。その自己増殖の結果、日記を書く行為は×近代社会を生きる人間の孤独をいやし、孤独の迷路からの解放をもたらす。

③○　日記に記述を追加するパヴェーゼの行為は、完成しない自己の像を完成させようとする果てしない試みである。その(i)自己の像への執着は(iii)近代精神の病の徴候であるが、そこには過去を再構成するばかりでなく、(ii)想像力の領域でも存在の感覚を確認しようとする志向が潜んでいる。

④　日記の書き手は世界にただ一人の個人であるという条件があるため、日記の中の自己は貨幣や収集品と違って、いくら自己増殖しても他のものと交換できない。個人のそのかけがえのなさゆえに、日記においては、自己の反省や克己心・向上心が記され、×よりよい自己の実現に向けて努力が語られる。

⑤　反省の記録としての日記は自己の向上という功利的な目的がある点で、商人のつける会計簿と類似する。しかし、×世俗的な向上を目指す自己中心的な功利性ゆえに、社会的、道徳的に外部への道が閉ざされることになり、自己に沈潜する自己目的化した日記へと転じることにもなる。

⑥○　(i)書くこと自体が目的化した日記は、たとえ具体的に自己の出来事が書かれていなくても、自己増殖的な性格が強く、(iii)近代以降の美術館や博物館などと共通の構造を備えている。ただし、日記の場合、(ii)保存の対象が抽象的な自己の思念になる分だけ、自己目的化が純粋になる傾向がある。

③・⑥の記述は(i)・(ii)・(iii)の三つをすべて踏まえている。他の選択肢はいずれも、的外れであるか、この三者に矛盾する記述を含んでいる。①の日記とジャムの保存の異同のポイント、消費されるか否かといった記述は的が外れているし、②の「孤独をいやし」という記述も問題文には書かれていない。④の「よりよい自己の実現に向けて努力が語られる」というのは**「自己目的化した日記」**ではなくて、**問4**の①で対比されているところの「自己の向上のための記録」の方に通じる。⑤はこの点では問題ないが、その理由が「世俗的な向上を目指す自己中心的な功利性」つまりは個人の内面の問題として述べられている点が(iii)に矛盾する。**「自己目的化した日記」は「近代」の産物なのである。**というわけで正解は③・⑥の二つ、というわけだ。

「部分から全体へ」という解き方はこのように進めるとよい。

続く第三の例題では、設問・選択肢をもとに解く考え方について扱っていく。

例題3　宇杉和夫「路地がまちの記憶をつなぐ」（二〇一七年度試行調査）

次の文章と図表は、宇杉和夫（うすぎかずお）「路地がまちの記憶をつなぐ」の一部である。これを読んで、後の問い（問1～5）に答えよ。なお、表1、2及び図3については、文章中に「（表1）」などの記載はない。※解説の都合上、行数表記を付した。

近代空間システムと路地空間システム

訪れた都市の内部に触れたと感じるのは、まちの路地に触れたときである。そこには香りがあって、固有で特殊でありながら、かつどこかで体験したことのある記憶がよぎる。西欧の路地は建物と建物のすきまで、さまざまなはみ出しものがなく管理されている。路地と内部空間との結びつきは窓とドアにより単純である。日本の路地は敷地と敷地の間にあり、また建物と建物の間にあり、建物には出窓あり、掃き出し窓あり、縁あり庇（ひさし）あり、塀あり等、多様で複雑である。敷地の中にも建物の中にも路地（土間）はあった。

日本の路地空間には西欧の路地にはない自然性がある。物質としての自然、形成過程としての自然、の2つである。日本の坪庭（注1）を考えてみよう。やはり建物（4つの）に囲まれた坪庭の特徴はそこが砂や石や土と緑の自然の空間である。さらにその閉じた自然は床下を通って建物外部にもつながっている。日本の路地にも、坪庭のように全面的ではないが自然性が継承されている。また路地空間の特徴は、ある数戸が集まった居住建築の中で軒や縁や緑の重なった通行空間であることである。そこは通行空間であるが居住集合のウチの空間であり、その場所は生活境域としてのまとまりがある。ソトの空間から区切られているが通行空間としてつながるこの微妙な空間システムを継承するには物理的な仕組みの継承だけでな

表１

	近代道路空間計画システム	路地空間システム（近代以前空間システム）
主体	クルマ・交通	人間・生活
背景	欧米近代志向	土着地域性
形成	人工物質・基準標準化	自然性・多様性・手づくり性
構造	機能・合理性・均質性	A機縁物語性・場所性・領域的
空間	B広域空間システム・ヒエラルキー	地域環境システム・固有性
効果	人間条件性・国際普遍性	人間ふれあい性・地域文化継承

表2

	地形と集落の路地			
	低地の路地	**台地の路地**	**地形の縁・境界**	**丘陵・山と路地**
非区画型路地 （オモテウラ型） （クルドサック型）	水路と自由型	トオリとウラ道	山辺路地・崖縁路地 崖（堤）下路地・階段路地 行き当たり封鎖	丘上集 崖上路地 景観と眺望
区画内型路地 （パッケージ型）	条理区画 条坊区画 近世町家区画 耕地整理 土地区画整理	条理区画 条坊区画 近世町家区画 耕地整理 土地区画整理		

く、近隣コミュニティの中に相関的秩序があり、通行者もそれに対応できているシステムがある。

現在、近代に欧米から移入され、日本の近代の中で形成されてきた都市空間・建築空間システムが環境システムと併せて改めて問われている。しかし日本にもち込まれた近代は、明治開国まではその多くは東南アジア、東アジアで変質した近代西欧文化で融和性もあった。明治に至って急速な欧米文化導入の後の日本の近代の空間計画を見れば、路地空間、路地的空間システムは常に、大枠として近代の空間システムと対照的位置にあることが理解できる。近代の空間計画の特徴を産業技術発展と都市化と近代社会形成の主要3点についてあげれば、その対照に路地空間の特徴をあげることは容易である。すなわち、路地的空間、路地的空間システムについて検討することは近代空間システムとは異なる地域に継承されてきた空間システムについて肯定的に検討することになる。

路地の形成とは記憶・持続である

路地的空間について述べる基本的な視座に、「道」「道路」の視座と「居住空間」の視座があり、どちらか片方を省くことはできない。道・道路は環境・居住空間の基本的な要素である。その環境・都市は人間を総体的に規定し、文化も個も環境の中から生まれてきた。行動を制約してしまう環境としての住宅と都市、その正しい環境、理想環境とは何かをどう問いかけるか。これが西欧の都市は古代以来明確であった。都市は神の秩序で、神と同じ形姿をもつ人間だけが自然の姿と都市の姿を生活空間として描くことができた。

これに対し、日本とアジアの都市の基本的性質である「非西欧都市」の形成を近代以前と

図１

◎参道型路地的空間
東京・神田の小祠（しょうし）には、その手前の街区に参道型路地的空間が発見できた

図２

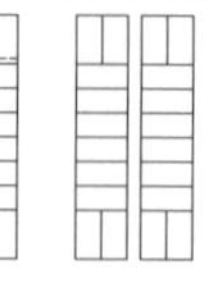
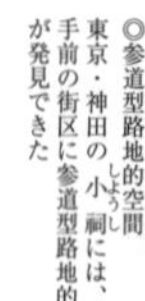

◎参道型路地空間とパッケージ型路地空間
月島の通り抜け路地は典型的なパッケージ型路地である

図３

◎東京・江東区の街区形成と通り
自動車交通、駐車スペースにならずガランとした通りもある

近代に分けて、その形成経過を次の世代にどう説明・継承するのか、すなわちどう持続させていくのかが重要である。そして体験空間の形成・記憶の継承と路地的空間の持続はこの大事な現在の問題の骨格になり続けるものと考えることができる。この根本的な次元では現在の区画化された市街地形成のモデルだけでなく、その形成過程の記憶、原風景をも計画対象とすることが必要になっている。元来、日本の自然環境（自然景観）はアジアが共有する自然信仰の認識的な秩序の中にあった。日本のムラとマチは西欧と異なり、環境としての自然と一体的であり連続的関係であったのである。具体的には、周囲の（中心である）山と海に生活空間が深く結びついていた。結果として、路地は地形に深く結びついて継承されてきた。

まず、日本の道空間の原型・原風景は区画された街区にはないことを指摘したい。また「すべての道はローマに通ず」といわれ、ローマから拡大延長された西欧の道路空間と、日本の道空間は異なる。目的到着点をもつ参道型空間が基本であり、地域内の参道空間から折れ曲がって分かれ、より広域の次の参道空間に結びつく形式で、西欧の[注2]グリッド形式、放射形式の道路とは異なる（**図１**）。多くの日本のまちはこの参道空間の両側の店と住居とその裏側の空間からなり、その間に路地がある。これは城下町にも組み込まれてすきまとしての路地があるゆえに連続的、持続的であったと考えられるわけである。それによって面的に広がった計画的区画にある路地は同様のものが繰り返し連続するパッケージ型路地として前者の参道型路地、[注3]クルドサック型路地と区分できる（**図２**）。

この区画方形のグリッドの原型・原風景はどこか。ニューヨークはそのグリッド街路の原型をギリシャ都市に求め、近代世界の中心都市を目指した。アジアの都市にはそれとは異なる別の源流がある。日本の都市はこの区画街区に限らず、アジアの源流と欧米の源流の重複的形式の空間形成になっている。日本の路地は計画的な区画整形の中にあっても、そこに自

図4

◎東京・江東区の街区の中の路地
区画整理街区にも路地的空間がまちの特性をつくっている

図5

◎東京・墨田区向島の通り
向島の通り空間はカーブしてまちの特性となっている

然尊重の立場が基本にあり、その基盤となってきた。

日本にも西欧にも街区形式の歴史と継承がある。東京にも江戸から継承された街区がある。江東区の方形整形街区方式は堀割とともに形成された[注4]。自由形の水路に沿った路地と同様、区画整形街区も水面に沿った路地と接して形成されてきた。この方形形式は震災復興区画整理事業でも、戦災後の復興計画でも継続された。ここは近代の、整形を基本とする市街地整備の典型となるものである。しかし、そこに理想とした成果・持続が確認できるであろうか（**図4**）。

東京の魅力ある市街地としては地形の複雑な山の手に評価がある。山の手では否応（いやおう）なく地形、自然が関連する。しかし区画整形の歴史がある江東区では、計画が機能的・経済的に短絡されてきた。その中で自然とのつながりをもつ居住区形成には、水面水路との計画的な配慮が必要だった。単に区画整形するだけでは魅力ある住宅市街地は形成されない。その計画的な配慮とは、第1に地区街区の歴史的な空間の記憶を人間スケールの空間にして継承する努力である。体験されてきた空間を誇りをもって継承する意思である。路地的空間の継承である。これらを合理的空間基準が変革対象としてきたことに問題がある。この新区画街区の傍らに、水資源活用から立地した工場敷地跡地が、水辺のオープンスペースと高層居住の眺望・景観を売りものに再開発されれば、住宅需要者の希望は超高層マンションに向かい、街区中層マンションが停滞するのは当然のことである。

この2タイプに対して、向島地区の路地的空間は街区型でもなく、開放高層居住空間でもなく、自然形成農道等からなる地域継承空間システムの文脈の中にある（**図5**）。そしてそこでもまた居住者の評価が高まってきている。本来、地域に継承されてきた空間システムであれば、それは計画検討課題になり、結果がよければビジョンの核にもなるものであった。

ところが現実には、地域の継承空間システムは居住者の持続的居住欲求によって残り、また地域の原風景に対する一般人の希求・要求によって、結果として継承に至ったものが多く、計画的にはあくまで変革すべき対象であった経緯がある。計画とはあくまで欧米空間への追随であった。また、この地域継承の路地空間システム居住地区においても駅前や北側背後に水面をもつ地区において高層マンションも含む再開発が進行している。しかし、この再開発も[注5]ル・コルビュジエの高層地区提案のように、地区を全面的に変革するものではなく、路地的空間との関係こそが計画のテーマとなる方法論が必要である。

路地的空間をもつ低層居住地区にするか、外部開放空間をもつ高層居住地区にするかといった二者択一ではなく、地域・地区の中で両空間モデルが補完・混成して成立するシステムが残っている。地域の原風景、村の原風景は都市を含めてあらゆる地域コミュニティの原点である。その村（集落）の原風景がほとんど消滅しているが、家並みと路地と共同空間からなる村とまちの原風景は、現在のストックの再建に至った時には、すべての近代空間計画地の再生にあたって、可能性を検討すべきである。都市居住にとっても路地はふれあいと場所の原風景である。近代化の中でこそ路地の原風景に特別の意味があったとすれば、それは日本の近代都市計画を継承する新たな時代の1つの原点にもなるべきものである。

（宇杉和夫他『まち路地再生のデザイン――路地に学ぶ生活空間の再生術』による。
なお、一部表記を改めたところがある。）

（注）
1 坪庭——建物に囲まれた小さな庭。
2 グリッド——格子。
3 クルドサック——袋小路。
4 堀割——地面を掘って作った水路。江東区には堀割を埋め立てて道路を整備した箇所がある。
5 ル・コルビュジエ——スイス生まれの建築家（一八八七～一九六五）。

戦略の決定

構成も文脈も読み取りにくい問題、というものは多いが、この出題などがその例である。

着眼点

全体のテーマ・キーワードの有無は？
↓「路地空間」というキーワードを軸に論旨を追っても読みとりにくい……
関連する部分の有無は？
↓傍線部分から関連する表現を追っていってもなかなか難しい……

例えば、

問１……「機縁物語性」「広域空間システム」という語句が表中に出現するのみで、本文中にはなく、どこを解答の根拠とするのか決定するのが難しい

問２……「パッケージ型」「参道型」という語句そのものについての説明は、文中での簡略な記述と図のみで、選択肢の記述の方が、より踏み込んだ具体的な説明となっている

問５……選択肢の内容が、本文では述べられていない発展的な内容であり、本文の記述と対照するだけでは判断できない

といった具合である。このような時はまず、**選択肢群を見て、そこから見きわめのポイントを抽出する**のがよい。**戦略Ⅲ**を使って解いていく。

戦略Ⅲ　設問・選択肢から解く

（「部分」から「全体」へのアプローチ）

1　各設問の選択肢群を見比べ、【見きわめのポイント】を抽出

共通する文言……読解のヒント

相違する文言……見きわめのポイント

（ある キーワード の有無）

（あることがらについての 捉え方の差 ）

2　部分説明問題を解く

1で抽出した見きわめのポイントにどれが一番近いか。

3　2を手がかりに全体把握問題を解く

解法のコツ①……「攻め方」の方向性――戦略Ⅲ……

選択肢【異同の抽出】→設問・問題文【部分説明】→設問【全体把握】の順で考える。

部分説明問題を解く　1

問1　文章全体の内容に照らした場合、**表1**の傍線部**A**・**B**はそれぞれどのように説明できるか。最も適当なものを、次の各群の①～⑤のうちから、それぞれ一つずつ選べ。

A　機縁物語性

①　通行空間に緑を配置し、自然の大切さを認識できる環境に優しい構造。
②　生活者のコミュニティが成立し、通行者もそこに参入できる開放的な構造。
③　生活環境としてまとまりがあり、×外部と遮断された自立的な構造。
④　×ウチとソトの空間に応じて人間関係が変容するような、劇的な構造。
⑤　×通行空間から切り離すことで、生活空間の歴史や記憶を継承する構造。

表1の中の語句について、その意味内容を問われているが、傍線部**A**の「機縁物語性」という語句自体は本文中には登場しない。しかし**表1**から、**「路地空間システム（近代以前空間システム）」の「構造」について表した言葉だとわかる**ので、本文中の路地空間システムについての記述、具体的には、第二段落を手がかりに選択肢を検討していく。

解法のコツ③ ……視点の移動―記述の相違……

① 「緑を配置」することや「自然の大切さを認識できる」といった面から説明
② 生活者、さらには通行者も参入できる路地周辺のコミュニティという面から説明
③ 外部と遮断された自立的な環境として説明
④ ウチとソトの空間に応じて人間関係が変容することとして説明
⑤ 通行空間から生活空間が切り離されていると説明

この違いを踏まえてから、問題文に戻る。本文の記述を見てみよう。

問題文の分析

(1) 「日本の路地にも、坪庭のように全面的ではないが自然性が継承されている」（ℓ10〜11）
(2) 「そこは通行空間であるが居住集合のウチの空間であり、その場所は生活境域としてのまとまりがある」（ℓ12〜13）
(3) 「ソトの空間から区切られているが通行空間としてつながるこの微妙な空間システム」（ℓ13〜14）
(4) 「近隣コミュニティの中に相関的秩序があり、通行者もそれに対応できているシステム」（ℓ15）

まずは、本文の記述に明らかに合致しないものを除外していく。

③は路地空間を外部から遮断されたものと説明しているが、(3)のように、本文では外部から完全に切り離されたものとは見なしていないため、この内容は本文の記述に反する。また⑤も同様に、通行空間から生活空間が切り離されていると述べている点が(2)・(3)の記述に反する。④は、ウチとソトの空間に応じての人間関係の変化について述べているが、路地空間がウチでもありソトでもある微妙な空間システムだとする(2)・(3)の論点とはずれている。よって、③・④・⑤の選択肢は除外できる。

残る選択肢は①と②である。①は、(1)の〈路地空間の自然性〉に関する記述に対応すると考えられるため、一応は本文の記述に合致している。また②も、(4)の記述に合致するものと考えられる。そこでこの二つの選択肢のどちらが、傍線部**A**の「機縁物語性」という語句の説明として適切であるか比較してみよう。「機縁」とは〈あることが起こるきっかけ〉という意味であり、「物語」とは、人物が何らかの行動を起こして話の筋が展開することである。①と②とを比較した場合、何らかのきっかけによって人が行動を起こし、できごとが展開していくことの説明としてより適切なのは、自然について述べた①よりも、**生活者や通行者のコミュニティについて述べた②**だと考えることができる。

では次の傍線部**B**はどうか。

部分説明問題を解く　2

B　広域空間システム

① 中心都市を基点として拡大延長された合理的空間システム。
② ×区画整理されながらも原風景を残した近代的空間システム。
③ ×近代化以前のアジア的空間と融合した欧米的空間システム。
④ ×産業技術によって地形を平らに整備した均質的空間システム。
⑤ ×居住空間を減らして交通空間を優先した機能的空間システム。

各選択肢を前半と後半とに分けて考えると、すべての選択肢において後半は「〜的空間システム」という形でまとめられている。この部分は①の「合理」、②の「近代」、③の「欧米」、④の「均質」、⑤の「機能」のいずれも、同じ**表1**中の「近代道路空間計画システム」の項に出てくる言葉であり、いずれも適切である。よってこの部分で選択肢の適否を判断することはできない。そこで、比較検討のポイントは各選択肢の前半部分に絞られる。

解法のコツ⑩　……関連部分の追い方─【対比・並列】……

① 中心都市を基点として拡大延長されている
② 区画整理されながらも原風景を残している
③ 近代化以前のアジア的空間と融合している
④ 産業技術によって地形を平らに整備している
⑤ 居住空間を減らして交通空間を優先している

以上を本文の記述に照らして検討してみよう。

問題文の分析

(1)「日本にもち込まれた近代は、明治開国まではその多くは東南アジア、東アジアで変質した近代西欧文化で融和性もあった」（ℓ18〜19）……明治までに日本にもち込まれた融和性のある近代は本格的な欧米文化とは異なる

(2)「明治に至って急速な欧米文化導入の後の日本の近代の空間計画を見れば、路地空間、路地的空間システムは常に、大枠として近代の空間システムと対照的位置にあることが理解できる」（ℓ20〜22）……欧米と日本の道空間の対照性

(3)「日本の道空間の原型・原風景は区画された街区にはない」（ℓ44）……欧米と日本の道空間の対照性

(4)「『すべての道はローマに通ず』といわれ、ローマから拡大延長された西欧の道路空間」（ℓ45）……西欧の道路空間

(1)~(3)から、筆者が日本と西欧の道路空間を対照的なものとして論じていること、そして傍線部**B**の「広域空間システム」は欧米の道路空間について言ったものであることを押さえる。すると、②・③のように両者の融合について述べた選択肢は、本文の趣旨にそぐわないものとして除外できる。また④・⑤は、本文中に対応する記述がない。残る①は(4)の記述に対応しているため、これを選ぶことができる。

続いて**問2**を見ていこう。

部分説明問題を解く 3

問2 **図2**の「パッケージ型」と「参道型」の路地の説明として最も適当なものを、次の①~⑤のうちから一つ選べ。

① パッケージ型の路地とは、近代道路空間計画システムによって区画化された車優先の路地のことであり、参道型の路地とは、アジアの自然信仰に基づいた、手つかずの自然を残した原始的な路地を指す。

② パッケージ型の路地とは、区画整理された路地が反復的に拡張された路地のことであり、参道型の路地とは、通り抜けできない目的到着点をもち、折れ曲がって持続的に広がる、城下町にあるような路地を指す。

③ パッケージ型の路地とは、ローマのような中心都市から拡大延長され一元化された路地のことであり、参道型の路地とは、祠(ほこら)のような複数の目的到達地点によって独自性を競い合うような日本的な路地を指す。

④ パッケージ型の路地とは、ギリシャの都市をモデルに発展してきた同心円状の幾何学的路地のことであり、参道型の路地とは、通行空間と居住空間が混然一体となって秩序を失ったアジア的な路地を指

す。

⑤　パッケージ型の路地とは、通り抜けできる路地と通り抜けできない路地が繰り返し連続する路地のことであり、参道型の路地とは、他の路地と連続的、持続的に広がる迷路のような路地を指す。

解法のコツ⑩……関連部分の追い方──【対比・並列】……

「パッケージ型」「参道型」という二つのキーワードについての記述を対比的に読み取る。

問題文の分析

(1)「『すべての道はローマに通ず』といわれ、ローマから拡大延長された西欧の道路空間」（ℓ45）

(2)「(日本の道空間は)目的到着点をもつ参道型空間が基本であり、地域内の参道空間から折れ曲がって分かれ、より広域の次の参道空間に結びつく形式で、西欧のグリッド形式、放射形式の道路とは異なる」（ℓ46〜48）

……西欧のグリッド形式、放射形式と対比される日本の参道型空間

(3)「多くの日本のまちは……すきまとしての路地があるゆえに連続的、持続的であったと考えられる」（ℓ48〜50）

(4)「計画的区画にある路地は同様のものが繰り返し連続するパッケージ型路地として前者の参道型路地、クルドサック型路地と区分できる」(ℓ51〜52)……同じパターンが繰り返し連続するパッケージ型路地と参道型路地の対比

以上を踏まえて、二つのキーワードの対比を押さえた上で選択肢を検討してみよう。

解法のコツ③……視点の移動―記述の相違……

①パッケージ型＝車優先の路地
参道型＝手つかずの自然を残した原始的な路地

②パッケージ型＝区画整理された路地が反復的に拡張された路地
参道型＝通り抜けできない目的到着点をもち、折れ曲がって持続的に広がる路地

③パッケージ型＝中心都市から拡大延長され一元化された路地
参道型＝複数の目的到達地点によって独自性を競い合うような路地

④パッケージ型＝同心円状の幾何学的路地
参道型＝通行空間と居住空間が混然一体となって秩序を失ったアジア的な路地

⑤パッケージ型＝通り抜けできる路地と通り抜けできない路地が繰り返し連続する路地
参道型＝連続的、持続的に広がる迷路のような路地

まず、①の車優先か自然を残すかという比較のポイントは本文で触れられていないため、除外することができる。また、③は「複数の目的到達地点によって独自性を競い合う」という記述が本文で述べられていない内容である。④は「通行空間と居住空間が混然一体」となっているという内容は、日本の路地空間についての部分で述べられているものの、「パッケージ型」と「参道型」の対比とは論点が異なる。⑤では「通り抜けできる路地と通り抜けできない路地が繰り返し連続する」とあるが、(4)で「同様のものが繰り返し連続する」と述べられていることに反する。

残る②は「パッケージ型」「参道型」の説明とも不備がないため、これを選ぶことができる。

続いて**問３**である。

部分説明問題を解く　4

問３　**図３**の江東区の一画は、どのように整備された例として挙げられているか。その説明として最も適当なものを、次の①～⑤のうちから一つ選べ。

①　街区の一部を区画整理し、江戸の歴史的な町並みを残しつつ複合的な近代の空間に整備された例。
②　区画整理の歴史的な蓄積を生かし、人間スケールの空間的記憶とその継承を重視して整備された例。
③　江戸から継承された水路を埋め立て、自動車交通に配慮した機能的な近代の空間に整備された例。
④　掘割や水路を大規模に埋め立て、オープンスペースと眺望・景観を売りものにして整備された例。
⑤　複雑な地形が連続している地の利を生かし、江戸期の掘割や水路に沿った区画に整備された例。

問題文の分析

(1)「日本にも西欧にも街区形式の歴史と継承がある。東京にも江戸から継承された街区がある。江東区の方形整形街区方式は掘割とともに形成された。自由型の水路に沿った路地と同様、区画整形街区も水面に沿った路地と接して形成されてきた。この方形形式は震災復興区画整理事業でも、戦災後の復興計画でも継続された。ここは近代の、整形を基本とする市街地整備の典型となるものである」(ℓ58〜62)

右の記述から、(a)**江東区は江戸から街区形式が継承された例であること**、(b)それが**震災後や戦災後にも、近代の整形を基本とする市街地整備の中に継承されていること**を押さえる。

江東区の街区形式についての本文の記述は右の箇所だけだが、注の情報も見逃さずに活用したい。

解法のコツ⑤ ……全体的な「仕掛け」―出題者のメッセージ……

(注) 4 掘割――地面を掘って作った水路。江東区には掘割を埋め立てて道路を整備した箇所がある。

「自由型の**水路に沿った路地**と同様、区画整形街区も**水面に沿った路地と接して形成されてきた**」という本文の記述と合わせて読むことで、江東区における街区形式の「継承」とは、(c)**埋め立てた水路に沿って街区を形成すること**だという出題者のメッセージを読み取ることができる。

ここまでで抽出した(a)～(c)のポイントを踏まえた上で、選択肢を検討してみよう。

解法のコツ② ……視点の移動―ある要素の有無……

① 街区の一部を区画整理し、(a)江戸の歴史的な町並みを残しつつ複合的な(b)近代の空間に整備された例。
② 区画整理の歴史的な蓄積を生かし、人間スケールの空間的記憶とその継承を重視して整備された例。
③ (a)(c)江戸から継承された水路を埋め立て、自動車交通に配慮した(b)機能的な近代の空間に整備された例。
④ (c)掘割や水路を大規模に埋め立て、オープンスペースと眺望・景観を売りものにして整備された例。
⑤ 複雑な地形が連続している地の利を生かし、(a)(c)江戸期の掘割や水路に沿った区画に整備された例。

(a)～(c)をすべて含んでいる選択肢は③である。

次に**問４**である。文章全体のまとめの設問であり、ここまでの設問で読み取った内容を踏まえて選択肢を比較検討する。

全体把握問題を解く　1

問4　「路地空間」・「路地的空間」はどのような生活空間と捉えられるか。文章全体に即したまとめとして適当なものを、次の①～⑥のうちから二つ選べ。

① 自然発生的に区画化された生活空間。　×
② 地形に基づいて形成された生活空間。　○
③ 大自然の景観を一望できる生活空間。　×
④ 都市とは異なる自然豊かな生活空間。　×
⑤ 通行者の安全性を確保した生活空間。　×
⑥ 土地の記憶を保持している生活空間。　○

解法のコツ③　……視点の移動―記述の相違……

① 「自然発生的に区画化」……図4の説明文中に「区画整理街区にも路地的空間がまちの特性をつくっている」とあるのに反する。
② ○「地形に基づいて形成された」……水路に沿って街区形成した江東区の例に合致する。
③ 「大自然の景観を一望できる」……路地空間の「自然性」として挙げられているのは「建物（4つの）に囲まれ」た「全面的ではない」自然性である（ℓ8～10）。
④ 「都市とは異なる自然豊かな」……路地空間が都市に存在しないものだとは本文にはない。
⑤ 「通行者の安全性を確保した」……本文に述べられていない。
⑥ ○「土地の記憶を保持している」……「地区街区の歴史的な空間の記憶を人間スケールの空間にして継承する努力（ℓ68～69）」＝「路地的空間の継承（ℓ69）」という記述に合致する。

以上から、②と⑥が適切な選択肢である。

最後に**問5**について。

本文から発展させた内容を問う問題を解く　1

問5　まちづくりにおける「路地的空間」の長所と短所について、緊急時や災害時の対応の観点を加えて議論した場合、文章全体を踏まえて成り立つ意見はどれか。最も適当なものを、次の①〜⑤のうちから一つ選べ。

①　機能性や合理性を重視する都市の生活にあって、路地的空間は緊急時の対応を可能にする密なコミュニティを形成するという長所がある。一方、そうした生活境域としてのまとまりはしばしば自然信仰的な秩序とともにあるため、近代的な計画に基づいて再現することが難しいという短所がある。

②　日本の路地的空間は欧米の路地とは異なり、自然との共生や人間同士のふれあいを可能にするという長所がある。一方、自然破壊につながるような区画整理を拒否するため、居住空間と通行空間が連続的に広がらず、高齢の単身居住者が多くなり、災害時や緊急時において孤立してしまうという短所がある。

③　豊かな自然や懐かしい風景が残存している路地的空間は、持続的に住みたいと思わせる生活空間であり、相互扶助のコミュニティが形成されやすいという長所がある。一方、計画的な区画整理がなされていないために、災害時には、緊急車両の進入を妨げたり住民の避難を困難にしたりする短所がある。

④　路地的空間には、災害時の避難行動を可能にする機能的な道・道路であるという点で、近代的な都市の街区にはない長所がある。一方、都市居住者にとって路地的空間は地域の原風景としてばかり捉えられがちで、そうした機能性が合理的に評価されたり、活用されたりしにくいという短所がある。

⑤　再開発を行わず近代以前の地域の原風景をとどめる低層住宅の路地的空間は、コミュニティとしての結束力が強く、非常事態においても対処できる長所がある。一方、隣接する欧米近代志向の開放高層居住空間のコミュニティとは、価値観があまりにも異なるために共存できないという短所がある。

問題文自体には書かれていない、踏み込んだ内容について問われているため、選択肢の比較検討によって解答を導き出すことになる。選択肢は「路地的空間」の長所と短所について述べたものであるため、選択肢をそれぞれ前半と後半に区切り、パーツごとに比較検討してみよう。

解法のコツ③ ……視点の移動―記述の相違……

【長所】

①　機能性や合理性を重視する都市の生活にあって、路地的空間は緊急時の対応を可能にする密なコミュニティを形成するという長所がある。

②　日本の路地的空間は欧米の路地とは異なり、自然との共生や人間同士のふれあいを可能にするという長所がある。

③　豊かな自然や懐かしい風景が残存している路地的空間は、持続的に住みたいと思わせる生活空間であり、相互扶助のコミュニティが形成されやすいという長所がある。

④　路地的空間には、災害時の避難行動を可能にする機能的な道・道路であるという点で、近代的な都市の街区にはない長所がある。

⑤　再開発を行わず近代以前の地域の原風景をとどめる低層住宅の路地的空間は、コミュニティとしての結束力が強く、非常事態においても対処できる長所がある。

④以外の選択肢は路地空間のコミュニティ、人間同士のふれあいといった要素を長所として挙げており、あまり違いがないことがわかる。この要素は**問１**傍線部**Ａ**でも見たように、本文に照らして適切なものである。一方、④だけは「災害時の避難行動を可能にする機能的な道・道路である」という点を長所として挙げている。これに関しては、**問２**「参道型」に関する設問や注３の記述も参考にしよう。

解法のコツ⑤　……全体的な「仕掛け」―出題者のメッセージ……

(注)　３　クルドサック――袋小路。

日本の路地空間を「参道型」というキーワードに加えて「クルドサック型」つまり「袋小路」であるとも表現している。「袋小路」とは行き止まりになった道のことであるので、「災害時の避難行動を可能にする機能的な道・道路」とは言い難いだろう。この点から、④は適切な内容とはいえない。

続いて、選択肢後半の短所に関する記述について見ていこう。この部分には、本文にはない踏み込んだ内容が多く盛り込まれているため、戸惑うかもしれない。しかしここでも慌てずに、各選択肢をパーツに分けて、横に視点を移動していく。すべての選択肢は「（特色）ため／で、（考えられる短所）」という構成になっているので、まずは路地空間の特色について述べた部分を比較検討してみよう。

解法のコツ③　……視点の移動―記述の相違……

【短所】

① 生活境域としてのまとまりはしばしば自然信仰的な秩序とともにある

② 自然破壊につながるような区画整理を拒否する

③ 計画的な区画整理がなされていない

⑤ 隣接する欧米近代志向の開放高層居住空間のコミュニティとは、価値観があまりにも異なる

①の自然信仰的な秩序、③の計画的な区画整理と相容れないことについては、第五段落の記述と合致している。一方、②については、第十段落で「地域の継承空間システムは居住者の持続的居住欲求によって残り、また地域の原風景に対する一般人の希求・要求によって、結果として継承に至ったものが多く……（ℓ78～79）」とあり、自然破壊につながるという理由から区画整理が拒否されたとは書かれていないため、本文には合致しない内容である。⑤については、本文に合致する記述はないが、本問のように「文章全体を踏まえて成り立つ」ものを選ぶような設問の場合には、本文中に直接対応する記述がないというだけでは排除できない。いったん保留して、選択肢末尾の比較検討に移ろう。

解法のコツ③　……視点の移動―記述の相違……

【短所】

① 近代的な計画に基づいて再現することが難しい

③ 災害時には、緊急車両の進入を妨げたり住民の避難を困難にしたりする

⑤ （隣接する欧米近代志向の開放高層居住空間のコミュニティとは）共存できない

残る要素はすべて、本文には書かれていない発展的内容であるため、本文には選択の根拠を求めることができない。ここでもう一度設問文を読み返し、どのような選択肢を選ぶよう求められているのか、確認しておこう。

解法のコツ⑤　……全体的な「仕掛け」――出題者のメッセージ……

設問文＝「緊急時や災害時の対応の観点を加えて議論した場合、文章全体を踏まえて成り立つ意見はどれか」

これを踏まえて、残る三つの選択肢を検討すると、**「緊急時や災害時の対応」について述べている選択肢は③のみ**である。したがって、これを解答とする。

なお、文章全体の内容を把握する設問に関連して、近年のセンター試験本試験では、**問題文を読んだ生徒同士の対話と本文の趣旨との正誤を判断する問題**が出題されている。二〇一八年度は、文章中に示された図に関する生徒四人の対話に当てはまるものを選ぶ、という形式であった。二〇一九年度センター試験本試験は次のような問題である。

問５　次に示すのは、本文を読んだ後に、五人の生徒が翻訳の仕事について話し合っている場面である。本文の趣旨と**異なる発言**を、次の①～⑤のうちから一つ選べ。

会話文と本文の趣旨との正誤を判定する問題を解く　1

①　生徒A――　私たちは英語の授業などでI love you. は「私はあなたを愛する」と訳すのだと教わったけど、たしかに実際に日本語でそのように言う人はあまりいないよね。筆者は、翻訳先の言語の中に原文とぴったり対応する表現がなくてもそれらしく言い換えなくてはならないことを、翻訳の仕事の難しさだと考えているよ。

②　生徒B――　そうだね、原文をそのまま訳すとどうしても違和感が出てしまう場合があるよね。でも、「あのう、花子さん、月がきれいですね」では、愛を告白するという意図が現代の私たちには伝わらないよ。やはり筆者がいうように、時代や文化の違いをなるべく意識させずに読者に理解させることが翻訳の仕事の基本なんだろうね。

③　生徒C――　筆者は子供の頃、外国の小説で「私はあなたを愛しているわ」と娘が父親に言う場面を読んで、翻訳の良し悪しを意識せずに外国人らしいと感心したけど、翻訳家としての経験を積んだ今ではなぜそんなに感心したのかと思っている。考えてみれば私たちは父親にそんな言い方をしないし、結局そこにも文化の差があるってことかな。

④　生徒D――　ロシア語からの翻訳の話でいえば「ぼくはあの娘にぞっこんなんだ」は少し古いけど、「私は彼女を深く愛しているのである」と比べたら会話としては自然だね。でも、筆者がいうように後者も正しくないとは言い切れない。こうしたことが起こるのも、ある言葉に対応する表現が別の言語文化の中に必ずあるとは限らないからだね。

⑤　生徒E――　でも、普通の読者はそこまで考えないから、自然な印象ならそれでいいってことになる。それで最近の翻訳では、ある言語文化の中で標準的ではない表現がわざと用いられている文章まで、こなれた表現に訳す傾向がある。しかし、それではもとの表現がもつ独特のニュアンスが消えてしまう。そこにも筆者の考える翻訳の難しさがあるね。

傍線を引いた箇所が正誤判断のカギになる。**会話文という形式をとってはいるが、筆者の主張や文章の趣旨をつかむ内容合致問題と本質は変わらない**のだ。今後も会話文の形式が出題される可能性は高いため、この形式に慣れておく必要があるだろう。

以上、三つの論理的文章を素材にして**【3つの戦略】**の使い方を解説した。

そしてこの**【戦略】**は、**第3問**の文学的文章の問題にも応用が利く。次の第2章で確認する。

第2章　文学的文章への対処

第2章では、共通テストの「文学的文章」を扱う。第1章で用いた【3つの戦略】を、「文学的文章」にもあてはめて考えていく。なお、実際の試験では各大問の問1に語句の問題が設けられていたが、割愛してある。

例題１　光原百合「ツバメたち」（二〇一七年度試行調査）

次の文章は、複数の作家による『捨てる』という題の作品集に収録されている光原百合の小説「ツバメたち」の全文である。この文章を読んで、後の問い（問１〜５）に答えよ。なお、本文の上の数字は行数を示す。

〈一羽のツバメが渡りの旅の途中で立ち寄った町で、「幸福な王子」と呼ばれる像と仲良くなった。王子は町の貧しい人々の暮らしぶりをツバメから聞いて心を痛め、自分の体から宝石や金箔を外して配るよう頼む。冬が近づいても王子の願いを果たすためにその町にとどまっていたツバメは、ついに凍え死んでしまった。それを知った王子の心臓は張り裂けた。金箔をはがされてみすぼらしい姿になった王子の像は溶かされてしまうが、二つに割れた心臓だけはどうしても溶けなかった。ツバメの死骸と王子の心臓は、ともにゴミ捨て場に捨てられた。その夜、「あの町からもっとも尊いものを二つ持ってきなさい」と神に命じられた天使が降りてきて、ツバメと王子の心臓を抱き、天国へ持ち帰ったのだった。

オスカー・ワイルド作「幸福な王子」より〉

A 遅れてその町にやってきた若者は、なんとも風変わりだった。つやのある黒い羽に敏捷な身のこなし、実に見た目のいい若者だったから、南の国にわたる前、最後の骨休めをしながら翼の力をたくわえているあたしたちの群れに、問題なく受け入れられた。あたしの友だちの中にも彼に興味を示すものは何羽もいた。でも、彼がいつも夢のようなことばかり語るものだから——今まで見てきた北の土地について、これから飛んでいく南の国について、遠くを見るようなまなざしで語るばかりだったから、みんなそのうち興味をなくしてしまった。来年、一緒に巣をこしらえて子どもを育てる連れ合いには、そこらを飛んでいる虫を素早く見つけてたくさんつかまえてくれる若者がふさわしい。遠くを見るまなざしなど必要ない。

とはいえ嫌われるほどのことではないし、厳しい渡りの旅をともにする仲間は多いに越したことはないので、彼はあたしたちとそのまま一緒に過ごしていた。

そんな彼が翼繁(しげ)く通っていたのが、丘の上に立つ像のところだった。早くに死んでしまった身分の高い人間、「王子(プリンス)」と人間たちは呼んでいたが、その姿に似せて作った像だということだ。遠くからでもきらきら光っているのは、全身に金が貼ってあって、たいそう高価な宝石も使われているからだという。あたしたちには金も宝石も用はないが。

人間たちはこの像をひどく大切にしているようで、何かといえばそのまわりに集まって、列を作って歩くやら歌うやら踊るやら、仰々しく騒いでいた。

彼はその像の肩にとまって、あれこれとおしゃべりするのが好きなようだった。王子の像も嬉(うれ)しそうに応じていた。

「一体何を、あんなに楽しそうに話しているの？」

彼にそう聞いてみたことがある。

「僕の見てきた北の土地や、まだ見ていないけれど話に聞く南の国のことをね。あの方はお気の毒に、人間として生きていらした間も、身分が高いせいでいつもお城の中で守られていて、そう簡単にはよその土地に行けなかったんだ。憧れていた遠い場所の話を聞けるのが、とても嬉しいと言ってくださってる」

「そりゃよかったわね」

あたしたちには興味のない遠い土地の話が、身分の高いお方とやらには嬉しいのだろう。誇らしげに話す彼の様子が腹立たしく、あたしはさっさと朝食の虫を捕まえに飛び立った。

やがて彼が、王子と話すだけでなく、そこから何かをくわえて飛び立って、町のあちこちに飛んでいく姿をよく見かけるようになった。南への旅立ちも近いというのに一体何をしているのか、あたしには不思議でならなかった。

風は日増しに冷たくなっていた。あたしたちの群れの長老が旅立ちの日を決めたが、それを聞いた彼は、自分は行かない、と答えたらしい。自分に構わず発(た)ってくれと。

仲間たちは皆、彼のことは放っておけと言ったが、あたしは気になった。いよいよ明日は渡りに発つという日、あたしは彼をつかまえ、逃げられないよう足を踏んづけておいてから聞いた。ここで何をしているのか、なにをするつもりなのか。

彼はあたしの方は見ずに、丘の上の王子の像を遠く眺めながら答えた。

「僕はあの方を飾っている宝石を外して、それから体に貼ってある金箔をはがして、貧しい人たちに持って行っているんだ。あの方に頼まれたからだ。あの方は、この町の貧しい人たちが食べ物も薪(まき)も薬も買えずに苦しんでいることを、ひどく気にしておられる。こんな悲しいことを黙って見ていることはできない、けれどご自分は台座から降りられない。だから僕にお頼みになった。僕が宝石や金箔を届けたら、おなかをすかせた若者がパンを、凍える子どもが薪を、病気の年寄りが薬を買うことができるんだ」

あたしにはよくわからなかった。

「どうしてあなたが、それをするの?」

「誰かがしなければならないから」

「だけど、どうしてあなたが、その『誰か』なの? なぜあなたがしなければならないの? ここにいたのでは、長く生きられないわよ」

あたしは重ねて聞いた。彼は馬鹿にしたような目で、ちらっとあたしを見た。

「君なんかには、僕らのやっていることの尊さは B わからないさ」

腹が立ったあたしは「勝手にすれば」と言って、足をのけた。彼ははばたいて丘の上へと飛んで行った。あたしはそれをただ見送った。

長い長い渡りの旅を終え、あたしたちは南の海辺の町に着いた。あたしは数日の間、海を見下ろす木の枝にとまって、沖のほうを眺めていた。彼が遅れて飛んで来はしないかと思ったのだ。しかし彼が現れることはなく、やがて嵐がやって来て、数日の間海を閉ざした。

この嵐は冬の到来を告げるもので、北の町はもう、あたしたちには生きていけない寒さになったはずだと、年かさのツバメたちが話していた。

彼もきっと、もう死んでしまっているだろう。

彼はなぜ、あの町に残ったのだろうか。貧しい人たちを救うため、自分ではそう思っていただろう。あたしなどにはそんな志はわからないのだと。でも本当のところは、大好きな王子の喜ぶ顔を見たかっただけではないか。

そうして王子はなぜ、彼に使いを頼んだのだろう。貧しい人たちを救うため、自分ではそう思っていただろう。でも……。

まあいい。どうせあたしにはわからない、どうでもいいことだ。春になればあたしたちは、また北の土地に帰っていく。あたしはそこで、彼のような遠くを見るまなざしなど持たず、近くの虫を見つけてせっせとつかまえ、子どもたちを一緒に育ててくれる若者と所帯を持つことだろう。

それでも、もしまた渡りの前にあの町に寄って「幸福な王子」の像を見たら、聞いてしまうかもしれない。

あなたはただ、自分がまとっていた重いものを、捨てたかっただけではありませんか。そして、命を捨てても自分の傍(そば)にいたいと思う者がただひとり、いてくれればいいと思ったのではありませんか——と。

（光原百合他『捨てる』による。）

戦略の決定

前書きの部分で、問題文は「捨てる」という題の作品集に収められた文章であると説明されている。文章の題名というのは、その文章の趣旨に関わっていることが多い。前書きの部分で題名が紹介されているということは、「捨てる」ということが、問題文の趣旨に関わる重大な概念なのだと推測できる。よって、問題文を読解して設問を解いていく際には、「捨てる」ということを念頭に置く必要がある。

解法のコツ⑤ ……全体的な「仕掛け」―出題者のメッセージ……

「前書き＝出題者による言葉」は、解答のヒントとする。
小説の場合、「前書き」の部分に概略の説明があることが多い。

また、今回の問題文は、冒頭でオスカー・ワイルド「幸福な王子」のあらすじが記載されている。よって、これに続く問題文は「幸福な王子」の物語を下敷きにしたものであることがわかる。

着眼点

場面設定・あらすじの把握
……幸福の王子は自分を犠牲にして貧しい人々を救い、またツバメは王子の願いを果たすため、自分の身を捧げた

つまり、「前書き」とあらすじの「引用部分」によって、今回の小説は「幸福の王子」の話をもとに、「捨てる」ということをテーマに書かれたものであると説明されているのだ。以上を意識した上で、文章を読解していこう。

設問を見ると、以下のように問題文全体の「構成」に関わるものが二つある。

着眼点

問4 この小説は、オスカー・ワイルド「幸福な王子」のあらすじの記載から始まっている。この箇所（X）とその後の文章（Y）との関係はどのようなものか。

問5 次の【Ⅰ群】のa～cの構成や表現に関する説明として最も適当なものを、後の【Ⅱ群】の①～⑥のうちから、それぞれ一つずつ選べ。

こうしたことから【**戦略**】を立てるなら、「王子」と「ツバメ」の自己犠牲の精神を賞賛する「幸福な王子」のあらすじを捉え（＝場面設定の把握）、それをもとに、本文で描かれている「あたし」の「王子」と「ツバメ」の行為への解釈（＝趣旨）を「捨てる」というテーマで読み解いていくのが効率的であろう。

つまり、今回は、全体↓細部というふうに解いていく**戦略Ⅰ**を使うのが得策である。

戦略Ⅰ　【構成】・【趣旨】から解く

1　問題文全体の【趣旨】を見抜く

（ⅰ）出題者の言葉
（ⅱ）登場人物設定
全体の場面設定の把握

に着目→「〇〇が××する」程度の一文にまとめてみる。

【構成】・【趣旨】を引き出す

→

2　全体把握問題を解く

「全体の趣旨を踏まえているか否か」で選択肢を見きわめる。

→

3　部分説明問題を解く

選択肢見きわめの観点は**2**と同じ。

1　問題文全体の【趣旨】を見抜く

「戦略の決定」でも見た通り、この問題では**戦略Ⅰ**を使う。

解法のコツ①……「攻め方」の方向性―戦略Ⅰ……

問題文【構成・趣旨の把握】
↓
設問【全体把握問題】→設問【部分説明問題】の順で攻める。

全体の構成に関わる設問である**問4・問5**から順に解いていこう。とくに**問4**は、全体の大きな枠組みをとらえる設問であるため、まずこの設問に挑戦することで問題文の軸となる【趣旨】を押さえることができる。ここで読み取った趣旨をもとに他の設問を読解すると、解答の精度が高まる。

まずは、問題文全体の趣旨をざっくり捉えておきたい。今回の問題文では、「幸福な王子」のあらすじと、それに続く部分で「あたし」の目から捉えた「王子」と「一羽のツバメ（「彼」）」との関係・物語が描かれていた。

解法のコツ⑥……全体的な「仕掛け」―「問題の仕掛け」……

場面設定……誰と誰がどうする場面か

王子＝自分の身を犠牲にして町の貧しい人々を救う

一羽のツバメ「彼」＝王子の願いを果たすために自分の身を犠牲にする

誰の視点から描かれているか

あたし＝「彼」が、身を寄せていた群れにいるメスのツバメ

あらすじ後の文章では「あたし」の視点から、あらすじ部分で「尊いもの」として賞賛されていた「王子」と「彼」の行動が描かれている。よって、文章の読解の際には、「あたし」が「王子」と「彼」の行動をどのように捉えているかを中心に読解していく必要がある。

解法のコツ⑦……「全体的な仕掛け」―キーワード……

・誇らしげに話す彼の様子が**腹立たしく**（ℓ31〜32）

・あたしには**不思議でならなかった**（ℓ34）

・あたしには**よくわからなかった**（ℓ47）

・**腹が立った**あたしは（ℓ54）

「あたし」の言動に注目して読むと、「腹立たしい」「わからない」といった表現が繰り返し出てくる。ここから、「あたし」は、あらすじ部分で賞賛され、肯定されていた王子と「彼」の自己犠牲的な行動に対して、違和感を覚え、いらだちさえ感じていることが読み取れる。

以上から、今回の問題文の趣旨はひとまず次のようなものだと判断できる。

【趣旨】の把握
自己犠牲の精神を表したものとして賞賛されている「王子」と「彼」の行動を、「あたし」は「わからない」と感じ、真意は別にあるのではないかと考えている。

2 全体把握問題を解く

このように問題文の趣旨をざっくり捉えた上で、実際に全体把握問題を解いていく。ここまでで趣旨は捉えられているから、まったく方向性の違う選択肢は簡単に除外できるだろう。まずは**問4**の選択肢群を見てみよう。

全体把握問題を解く 1

問4 この小説は、オスカー・ワイルド「幸福な王子」のあらすじの記載から始まっている。この箇所（X）とその後の文章（Y）との関係はどのようなものか。その説明として適当なものを、次の①〜⑥のうちから**二つ**選べ。

① × Xでは、神の視点から「一羽のツバメ」と「王子」の自己犠牲的な行為が語られ、最後には救済が与えられることで普遍的な博愛の物語になっている。ツバメたちの視点から語り直すYは、Xに見られる神の存在を否定した上で、「彼」と「王子」のすれ違いを強調し、それによってもたらされた悲劇へと読み替えている。

② ○ Xの「王子」と「一羽のツバメ」の自己犠牲は、人々からは認められなかったものの、最終的には神によってその崇高さを保証される。Yでも、献身的な「王子」に「彼」が命を捨てて仕えただろうことが暗示されるが、その理由はいずれも、「あたし」によって、個人的な願望に基づくものへと読

み替えられている。

③　Ｙでは、「あたし」という感情的な女性のツバメの視点を通して、理性的な「彼」を批判し、超越的な神の視点も破棄している。こうして、「一羽のツバメ」と「王子」の英雄的な自己犠牲が神によって救済されるというＸの幸福な結末を、「あたし」の介入によって、救いのない悲惨な結末へと読み替えている。

④　Ｙには、「あたし」というツバメが登場し、「王子」に向けた「彼」の言動の不可解さに言及する「あたし」の心情が中心化されている。「一羽のツバメ」と「王子」が誰にも顧みられることなく悲劇的に終わるＸを、Ｙは、「彼」と家庭を持ちたいという「あたし」の思いの成就を暗示する恋愛物語へと読み替えている。

⑤　Ｘは、愚かな人間たちによって捨てられた「一羽のツバメ」の死骸と「王子」の心臓が、天使によって天国に迎えられるという逆転劇の構造を持っている。その構造は、Ｙにおいて、仲間によって見捨てられた「彼」の死が「あたし」によって「王子」のための自己犠牲として救済されるという、別の逆転劇に読み替えられている。

⑥　Ｘでは、貧しい人々に分け与えるために宝石や金箔を外すという「王子」の自己犠牲的な行為は、「一羽のツバメ」の献身とともに賞賛されている。それに対して、Ｙでは、「王子」が命を捧げるように「彼」に求めつつ、自らは社会的な役割から逃れたいと望んでいるとして、捨てるという行為の意味が読み替えられている。

各選択肢において、Ｘ・Ｙそれぞれの内容をどのように説明しているかに注目。また、**「適当なもの」が「二つ」ある点にも注意**しよう。

解法のコツ③ ……視点の移動―記述の相違……

①　X＝神の視点から……普遍的な博愛の物語
　　Y＝ツバメたちの視点から……「彼」と「王子」のすれ違いを強調

②　X＝「王子」と「一羽のツバメ」の自己犠牲……神によってその崇高さを保証
　　Y＝「あたし」によって、個人的な願望に基づくものへと読み替えられている

③　X＝「一羽のツバメ」と「王子」の英雄的な自己犠牲が神によって救済される
　　Y＝「あたし」の介入によって、救いのない悲惨な結末へと読み替えている

④　X＝「一羽のツバメ」と「王子」が誰にも顧みられることなく悲劇的に終わる
　　Y＝「彼」と家庭を持ちたいという「あたし」の思いの成就を暗示する恋愛物語

⑤　X＝愚かな人間たちによって……天国に迎えられる
　　Y＝仲間によって見捨てられた「彼」の死が「あたし」によって……救済される

⑥　X＝「王子」の自己犠牲的な行為は、「一羽のツバメ」の献身とともに賞賛
　　Y＝「王子」が……捨てるという行為の意味が読み替えられている

①はXとYがどの視点から書かれているかに誤りがある。また、④は「あたし」の思いが成就する恋愛物語と説明した点が誤り。「あたし」が「彼」の行動が気になっていることは確かだが「恋愛」が成就しているという記述はまったくない。さらに⑤はYの「仲間によって見捨てられた」という点をYの趣旨として捉えるのは不適切である。確かに、仲間たちは「彼」の死を気にしていない様子だが、そのことをYの趣旨として捉えるのは問題文全体の趣旨にそぐわない。

残るは②・③・⑥である。③はやや迷うが、自分の身を顧みず盲目的に「王子」に献身する「彼」を「理性的」とするのは不適切であるし、「あたし」の解釈を「救いのない悲惨な結末」と捉えるのは言い過ぎである。「あたし」は「王子」と「彼」の行為を、「自己犠牲」といった社会的、一般的な美談ではなく「個人的な願望」に基づくものであると考えているが、それが「救いのない」ことであるとは言えない。

「あたし」は57行目以降で、Xで賞賛されていた「王子」と「ツバメ」の行為の理由を、違う視点から読み替えている。「ツバメ」に対しては「大好きな王子の喜ぶ顔を見たかっただけではないか」、「王子」に対しては「自分がまとっていた重いものを、**捨てたかっただけ**ではありませんか。……いてくればいいと思ったのではありませんか」と、それぞれの「個人的な願望」に基づいた行動であると考えている（とくに、王子の方は、前書き部分で触れられている「捨てる」という題名に沿っていることから、趣旨に関連すると推測できる）。**Xで紹介された「幸福の王子」の物語が、Yでは、「あたし」によって従来の解釈とは異なる「個人的な願望」に基づく物語に読み替えられる、という構造になっている。**この構造を押さえている②と⑥が正解。

ここまでをもう一度整理しておこう。

【趣旨】の把握

自己犠牲の精神を表したものとされる「王子」と「ツバメ」の物語は、**実際は「王子」と「彼」それぞれの「個人的な願望」に基づくもの**なのではないかと「あたし」は考えている。

・「個人的な願望」……「彼」＝大好きな王子の喜ぶ顔が見たい
「王子」＝自分に献身する者をただ一人残して、自分が負っている重い社会的な役割を捨てたい問題文の趣旨が押さえられたら、それを踏まえた上で問題文の構成や表現を、**問5**を解きながら細かく確認していこう。（【Ⅰ群】cの行数表記は、本書内の行数表記に改変している。）

構成や表現を問う問題を解く　1

問5　次の【Ⅰ群】のa～cの構成や表現に関する説明として最も適当なものを、後の【Ⅱ群】の①～⑥のうちから、それぞれ一つずつ選べ。

【Ⅰ群】

a　1～7行目のオスカー・ワイルド作「幸福な王子」の記載
b　12行目「彼がいつも夢のようなことばかり語るものだから――」の「――」
c　57行目以降の「あたし」のモノローグ（独白）

【Ⅱ群】

①　最終場面における物語の出来事の時間と、それを語っている「あたし」の現在時とのずれが強調されている。
②　「彼」の性質を端的に示した後で具体的な例が重ねられ、その性質に注釈が加えられている。
③　断定的な表現を避け、言いよどむことで、「あたし」が「彼」に対して抱く不可解さが強調されている。
④　「王子」の像も人々に見捨てられるという、「あたし」にも想像できなかった展開が示唆されている。
⑤　「あたし」の、「王子」や「彼」の行動や思いに対して揺れる複雑な心情が示唆されている。
⑥　自問自答を積み重ねる「あたし」の内面的な成長を示唆する視点が加えられている。

解法のコツ⑥ ……全体的な「仕掛け」―問題の「仕掛け」……

a＝「幸福の王子」のあらすじ　b＝「彼」の様子の説明
c＝「あたし」の視点から見た「幸福の王子」の物語

【Ⅰ群】のa～cそれぞれの場面がどのような場面か、誰の視点で描かれているか、どのような内容が描かれているかといった点に注目して、当てはまるものを**【Ⅱ群】**から選ぶ。まず、**【Ⅱ群】**をざっと見て、問題文の趣旨に合わないものを最初に除外しておくと正解をしぼりやすい。

①「現在時とのずれが強調されている」とあるが、とくに時間のずれを強調する記述は問題文からは読みとれないため、除外できる。また、⑥は「『あたし』の内面的な成長を示唆する視点」とあるが、今回の問題文の趣旨は「王子」と「彼」の物語の解釈であり、「あたし」の成長ではないため、⑥もあてはまらない。よって、残る②～⑤を**【Ⅰ群】**に合うように選んでいこう。**問4**でも見てきたように、cの「あたし」のモノローグでは、「王子」と「彼」の物語が「あたし」の視点から読み替えられていた。よって、「あたし」の視点から「『王子』や『彼』の行動や思いに対して」の心情が描かれていると説明されている⑤が適当であると判断できる。

次にaについて。aは「幸福な王子」のあらすじの部分である。残りの②・③・④のうちでaの内容に当てはまるものは、「王子」の像が人々に捨てられ溶かされてしまう点を「見捨てられる」として説明した④である。「あたし」のモノローグ部分で「あの町に寄って『幸福な王子』の像を見たら、聞いてしまうかもしれない」とあることから、「あたし」が「王子」の像が捨てられるとは思っていない様子にも矛盾しない。

最後に、bについて検討する。bの部分は「夢のようなことばかり語る」という点を――の後の部分で「今まで見てきた北の土地について、これから飛んでいく南の国について、遠くを見るようなまなざしで語る」と、「夢のようなこと」の内容をより具体的に言い換えているため、②が適当である。

ここまでで、問題文の構成・問題文の趣旨を押さえることができた。以上を踏まえて、部分説明の問題にとりかかろう。

3 部分説明問題を解く

部分説明の選択肢問題に際しては、「選択肢をヨコに読む」ことが基本になる。

部分説明問題を解く 1

問2 傍線部**A**「遅れてその町にやってきた若者は、なんとも風変わりだった。」にある「若者」の「風変わり」な点について説明する場合、本文中の波線を引いた四つの文のうち、どの文を根拠にするべきか。最も適当なものを、次の①～④のうちから一つ選べ。

① つやのある黒い羽に敏捷な身のこなし、実に見た目のいい若者だったから、南の国にわたる前、最後の骨休めをしながら翼の力をたくわえているあたしたちの群れに、問題なく受け入れられた。
② あたしの友だちの中にも彼に興味を示すものは何羽もいた。
③ でも、彼がいつも夢のようなことばかり語るものだから――今まで見てきた北の土地について、これから飛んでいく南の国について、遠くを見るようなまなざしで語るばかりだったから、みんなそのうち興味をなくしてしまった。
④ とはいえ嫌われるほどのことではないし、厳しい渡りの旅をともにする仲間は多いに越したことはないので、彼はあたしたちとそのまま一緒に過ごしていた。

問2は、「ツバメ」の人物像（キャラクター）に関する部分説明問題である。「若者（＝「彼」）」の「風変わり」な性質を説明した文を選択肢群の中から選ぶ。「風変わり」と似た意味のニュアンスを含む選択肢を探していこう。各選択肢で説明されている「若者」についての記述を整理すると次のようになる。

解法のコツ⑨ ……関連部分の追い方—【同一・類似】……

①＝見た目のいい若者
②＝彼に興味を示すものは何羽もいた
③＝夢のようなことばかり語る・遠くを見るようなまなざしで語るばかり
④＝嫌われるほどのことではない

③の直後の14行目に「そこらを飛んでいる虫を素早く見つけてたくさんつかまえてくれる若者がふさわしい。遠くを見るまなざしなど必要ない」とあるように、ツバメたちにとって重要なのは、エサである虫をつかまえるという生活力であり、「若者」のように、そのようなことをせず〈夢のようなことを、遠くを見るまなざしで語る〉ような性質は「風変わり」と言ってよいだろう。よって、①～④の説明のうち、「風変わり」だと判断するのに適当なものは③である。風変わりな若者は、見た目がよく、嫌われるほどのことではないので、群れの仲間に加わっていたものの、まわりからは変わり者として認識されて過ごしていたのである。

部分説明問題を解く　2

問3　傍線部**B**「わからないさ」及び傍線部**C**「わからない」について、「彼」と「あたし」はそれぞれどのような思いを抱いていたか。その説明として最も適当なものを、傍線部**B**については次の【Ⅰ群】の①〜③のうちから、傍線部**C**については後の【Ⅱ群】の①〜③のうちから、それぞれ一つずつ選べ。

【Ⅰ群】

① 南の土地に渡って子孫を残すというツバメとしての生き方に固執し、生活の苦しさから救われようと「王子」の像にすがる町の人々の悲痛な思いを理解しない「あたし」の利己的な態度に、軽蔑の感情を隠しきれない。

② 町の貧しい人たちを救おうとする「王子」と、命をなげうってそれを手伝う自分を理解するどころか、その行動を自己陶酔だと厳しく批判する「あたし」に、これ以上踏み込まれたくないと嫌気がさしている。

③ 群れの足並みを乱させまいとどう喝する「あたし」が、暴力的な振る舞いに頼るばかりで、「王子」の行いをどれほど熱心に説明しても理解しようとする態度を見せないことに、裏切られた思いを抱き、失望している。

【Ⅱ群】

① 「王子」の像を金や宝石によって飾り、祭り上げる人間の態度は、ツバメである「あたし」にとっては理解できないものであり、そうした「王子」に生命をかけて尽くしている「彼」のこともまたいまだに理解しがたく感じている。

② 無謀な行動に突き進んでいこうとする「彼」を救い出す言葉を持たず、暴力的な振る舞いでかえって「彼」を突き放してしまったことを悔い、これから先の生活にもその後悔がついて回ることを恐れている。

③ 貧しい人たちを救うためというより、「王子」に尽くすためだけに「彼」は行動しているに過ぎないと思っているが、「彼」自身の拒絶によってふたりの関係に介入することもできず、割り切れない思いを抱えている。

問3は「彼」と「あたし」のそれぞれの思いを読解する部分説明問題。傍線部**B**では、「彼」の思いについて読解する。**【Ⅰ群】**はどれも〈「あたし」の……な言動に、……という気持ちになった〉という構成で書かれている。したがって、選択肢を検討する場合は、**「彼」が「わからない」と感じた「あたし」の言動は何か、そして「彼」はそれに対してどのような気持ちになっているか、という点に注目**する。

解法のコツ③ ……視点の移動―ある事柄についての記述の相違……

①ツバメとしての生き方に固執し……町の人々の悲痛な思いを理解しない「あたし」の利己的な態度
→軽蔑の感情

②（王子と自分を）理解するどころか、自己陶酔だと厳しく批判する「あたし」
→嫌気がさしている

③暴力的な振る舞いに頼るばかりで、理解しようとする態度を見せないこと
→裏切られた思いを抱き、失望している

傍線部**B**では、「あたし」に対して、「彼」は「馬鹿にしたような目」をして「君なんかには、僕らのやっているとの尊さは**わからない**」と答えている点に注目する。ここから、「彼」は、自分たちの行動に対して「どうしてあなたが、それをするの?」「どうしてあなたが、その『誰か』なの? なぜあなたがしなければならないの?」と繰り返し問い詰めて理解を示さない「あたし」に、マイナスの感情を抱えたことが読み取れる。また、①の「生活の苦しさから救われようと『王子』の像にすがる町の人々」、③の「群れの足並みを乱させまいとどう喝」が本文と一致しないため、②が最も適切。

次に傍線部**C**について検討していこう。傍線部**C**は傍線部**B**と比べて直接的な描写がないため、正誤の判定が難しい。しかし、ここで、これまで見てきた「問題文の趣旨」が生きてくる。

傍線部**C**は、「王子」と「彼」の自己犠牲的な行動の本当の理由について、「王子」と「彼」それぞれの「個人的な願望」によるものではないか、と「あたし」が考えをめぐらす場面である。よって、この「わからない」という部分についても、先で見た問題文の趣旨に沿うものを選ぶ必要がある。各選択肢の内容を確認しよう。

解法のコツ③ ……視点の移動—ある事柄についての記述の相違……

① 「王子」を祭り上げる人間の態度・「王子」に生命をかけて尽くしている「彼」のこと……理解しがたく感じている

② 「彼」を突き放してしまったことを悔い……後悔がついて回ることを恐れている

③ 「王子」に尽くすためだけに「彼」は行動しているに過ぎないと思っている……割り切れない思いを抱えている

「あたし」は「彼」が自分を犠牲にして町の人々を助けた本当の理由は、〈大好きな王子の喜ぶ顔が見たい〉というものだと考えて、「あたし」なりに結論を出している。「まあいい」「どうせあたしにはわからない」「どうでもいいことだ」としながらも、「それでも、もしまた渡りの前にあの町に寄って『幸福な王子』の像を見たら、聞いてしまうかもしれない」と述べていることから、納得しきっているわけではなく、**「割り切れない」思いを抱いている**ことが読み取れる。よって、問題文の趣旨と記述に合致する③が正解。

①は、「あたし」が人間の態度を理解できない、と感じているとする点が、問題文からずれる。また、②のように「彼」を突き放してしまったことを後悔している描写や、今後、後悔するだろうことを恐れているという描写はない。

このように、まずは**じっくりと全体の構造・趣旨を見抜き、それを踏まえた上でそれぞれの選択肢を見ていく**……というプロセスは、評論文・小説問わず役立つ。

《補足》

詩とエッセイが与えられるタイプの出題の場合も、**戦略Ⅰ**が有効である。このようなタイプの問題の場合、まずエッセイの趣旨をとらえたあと、詩の部分読解の問題に取り組むのがよい。なぜなら、エッセイから読み取った趣旨が詩を理解するヒントになるからである。詩は限られた言葉から趣旨を読み取る必要があるため、読解を苦手とする人も多いが、この時、一緒に出題されたエッセイをもとに考えると断然理解しやすくなる。エッセイが与えられているのは、読解のヒントにしてほしいという出題者のメッセージなのである。

次の例題で確認してみよう。

例題　吉原幸子「紙」／「永遠の百合」（二〇一八年度試行調査）

次の詩「紙」（『オンディーヌ』、一九七二年）とエッセイ「永遠の百合」（『花を食べる』、一九七七年）を読んで（ともに作者は吉原幸子）、後の問い（問1～6）に答えよ。なお、設問の都合でエッセイの本文の段落に［1］～［8］の番号を付し、表記を一部改めている。（配点　50）

紙

愛ののこした紙片が
しらじらしく　ありつづけることを
いぶかる

書いた　ひとりの肉体の
重さも　ぬくみも　体臭も
いまはないのに

こんなにも
もえやすく　いのちをもたぬ
たった一枚の黄ばんだ紙が
こころより長もちすることの　不思議

いのち　といふ不遜
A 一枚の紙よりほろびやすいものが
何百枚の紙に　書きしるす　不遜

死のやうに生きれば
何も失はないですむだらうか
この紙のやうに　生きれば

さあ
ほろびやすい愛のために
乾杯

残された紙片に
乾杯
いのちが
蒼ざめそして黄ばむまで
（いのちでないものに近づくまで）

乾杯！

永遠の百合

1　あまり生産的とはいえない、さまざまの優雅な手すさびにひたれることは、女性の一つの美点でもあり、（何百年もの涙とひきかえの）特権であるのかもしれない。近ごろはアート・フラワーという分野も颯爽(さっそう)とそれに加わった。

2　去年の夏、私はある古い友だちに、そのような〝匂わない〟百合の花束をもらった。「秋になったら捨てて頂戴ね」という言葉を添えて。

3　私はびっくりし、そして考えた。これは謙虚か、傲慢か、ただのキザなのか。そんなに百合そっくりのつもりなのか、そうでないことを恥じているのか。人間が自然を真似(まね)る時、決して自然を超える自信がないのなら、いったいこの花たちは何なのだろう。心こめてにせものを造る人たちの、ほんものにかなわないといういじらしさと、生理まで似せるつもりの思い上がりと。

4　枯れないものは花ではない。それを知りつつ枯れない花を造るのが、Bつくるということではないのか。——花そっくりの花も、花より美しい花もあってよい。それに香水をふりかけるもよい。だが造花が造花である限り、たった一つできないのは枯れることだ。そしてまた、たった一つできるのは枯れないことだ。

5　花でない何か。どこかで花を超えるもの。大げさに言うなら、ひと夏の百合を超える永遠の百合。それをめざす時のみ、つくるという、真似るという、不遜な行為は許されるのだ。（と、私はだんだん昂奮(こうふん)してくる。）

6　絵画だって、ことばだってそうだ。一瞬を永遠のなかに定着する作業なのだ。個人の見、嗅いだものをひとつの生きた花とするなら、それはすべての表現にましてC在るという重みをもつに決まっている。あえてそれを花を超える何かに変える——もどす——ことがたぶん、描くという行為なのだ。そのひそかな夢のためにこそ、私もまた手をこんなにノリだらけにしているのではないか。もし、もしも、ことばによって私の一瞬を枯れない花にすることができたら！

7　——ただし、（と私はさめる。）秋になったら……の発想を、はじめて少し理解する。）「私の」永遠は、たかだかあと三十年——歴史上、私のような古風な感性の絶滅するまでの短い期間——でよい。何故（なぜ）なら、（ああ何という不変の真理！）死なないものはいのちではないのだから。

8　私は百合を捨てなかった。それは造ったものの分までうしろめたく蒼ざめながら、今も死なないまま、私の部屋に立っている。

まずは、エッセイの趣旨をとらえる。エッセイは「いのち」をもたない造花の百合をテーマに書かれた文章である。また、詩と共通するキーワードとして「不遜」（＝思い上がっていること）という語句に注目する。

解法のコツ⑦ ……全体的な「仕掛け」—キーワード……

造花の百合—「秋になったら（本物の百合は枯れるものなので、それと同じように造花も）捨てて頂戴ね」という友人の言葉

→生理まで似せるつもりの思い上がり。枯れないものは花ではないことを知りつつ枯れない花を造るのが、つくるということではないのか。「ひと夏の百合を超える永遠の百合」をめざす時のみ、つくるという、真似るという、不遜な行為は許される。

筆者は、「いのち」を真似る、つくるということはそもそも「不遜」な行為であり、いつかは枯れる（なくな

る）ことを知りながらも、永遠に残るものを目指すべきであると考えている。また、第6段落で、ことばも「一瞬を永遠のなかに定着する作業なのだ」とある点も押さえると、エッセイの趣旨は次のようにまとめられる。

【趣旨】の把握

「つくる」ということは、いつかは失われることを知りつつ、一瞬を永遠のなかに定着する不遜な作業である。

以上を踏まえて、詩の部分読解問題を解いていく。

部分読解問題を解く　1

問2　傍線部**A**「何百枚の紙に　書きしるす　不遜」とあるが、どうして「不遜」と言えるのか。**エッセイの内容を踏まえて説明したものとして**最も適当なものを、次の①～⑤のうちから一つ選べ。

①　そもそも不可能なことであっても、表現という行為を繰り返すことで、あたかも実現が可能なように偽るから。

②　はかなく移ろい終わりを迎えるほかないものを、表現という行為を介して、いつまでも残そうとたくらむから。

③　心の中にわだかまることからも、表現という行為を幾度も重ねていけば、いずれは解放されると思い込むから。

④　空想でしかあり得ないはずのものを、表現という行為を通じて、実体として捉えたかのように見せかけるから。

⑤ 滅びるものの美しさに目を向けず、表現という行為にこだわることで、あくまで永遠の存在に価値を置くから。

設問文に「エッセイの内容を踏まえて説明したものとして」とある点に注目。これは、エッセイの趣旨に合致するものが正解であるという出題者からのメッセージである。詩と選択肢だけを見ていては正答を選べない。

ここまで見てきたように、エッセイの趣旨は**〈「つくる」ということ、ことばで表現するということも、いつかは失われる一瞬を永遠のなかに定着する不遜な作業である〉**というものであった。また、傍線部**A**の直前に「一枚の紙よりほろびやすいものが」とある。つまり、一枚の紙よりもすぐに失われてしまう人の「心」「いのち」が、紙の中に「ことば」という形で「一瞬」を「永遠」に定着させようとすることを、「不遜（＝思い上がり）」だと述べているのである。よって、詩とエッセイの趣旨に合致するものは②である。

解法のコツ⑤ ……全体的な「仕掛け」——出題者のメッセージ……

エッセイの趣旨＝いつかは失われる「一瞬」を「永遠」として定着させようとする
②＝はかなく移ろい終わりを迎えるほかないものを……いつまでも残そうとたくらむ

他の選択肢は、エッセイの趣旨を踏まえていない。①は「不可能」⇔「可能」という関係としてとらえている点が不適切。また、③の〈心の中のわだかまりを解放する〉という点については、エッセイ、詩ともに書かれていない内容である。④は、「空想」⇔「実体」としている点が趣旨に合わない。また、⑤は「滅びるものの美しさ」という点が不適切。「滅びるものの美しさ」については、詩・エッセイともに触れられていない。

例題２　吉本ばなな『ＴＵＧＵＭＩ』

次の文章は吉本ばなな『ＴＵＧＵＭＩ』の一節である。病弱なつぐみは私（まりあ）のいとこ。熱があって寝ていたつぐみは、知り合ったばかりの恭一が私と連れ立って来たのを見かけ、物干台にかくれて雨にぬれた。本文はその後の場面である。これを読んで、後の問い（問１～６）に答えよ。（配点　50）

「君のお母さんは優しいんだな」

恭一が言った。気を遣った彼は、もう帰ると言ったのだが、おばさんもつぐみも私も必死で引き止めて、お茶を飲んでいってもらうことになった。

「君のことを全然、しからないもの」

「娘を海より深く愛しているんだよ」

つぐみは言った。Ａうそをつけ、と私は思った。おばさんの平静さはつぐみにわずらわされることに対する単なる慣れであった。まあやがてわかることだから、と思い、私は黙ってお茶を飲んでいた。それに、恭一がつぐみを見る瞳（ひとみ）がまるで死にかけた子猫を見るような同情にあふれるまなざしだったので、水をさしたくなかったのだ。………こう言っている私でさえつぐみの容態がすこし気がかりになるほどつぐみはつらそうだった。目の下にはくまができ、呼吸がはやく、唇が真っ青だった。濡（ぬ）れた細い髪がひたいにはりつき、瞳とほほがぴかぴか光って見えた。

「じゃあ、おいとまするよ、またな。バカな遊びはやめて、大人しく寝て、早くなおしな」

恭一は立ちあがった。

「待ってくれ」つぐみは言った。そしてものすごく熱い手で私の腕をつかみ、

「まりあ、あいつを止めるんだ」

とかすれた声で叫んだ。

「……って言ってるから、待って」

と私は恭一を見上げた。

「なんだい」

彼は枕元に戻って来た。

「何かひとつ話をしてくれ」つぐみは切実にそう告げた。「あたしは子供の頃から新しいお話をひとつ聞かないと眠れないんだ」

うそをつけ、と再び私は思った。でも、その「新しいお話」というフレーズはすてきだなと思った。可愛らしいし、何か良い香りのする単語だった。

「うーん、お話ね。そうだな、それじゃあ君が大人しく眠れるように、タオルの話をしてやろう」

恭一が言った。

「タオル？」と私は言い、つぐみもきょとんとした。

恭一は続けた。

「俺は子供の頃、心臓が悪かったんだ。それで、体力がつく年まで手術待ちをしていたわけだ。もちろん今は手術後だよ、ぴんぴんしていてその頃のことはめったに思い出すこともないが、大変なことや、つらいことにぶちあたると、タオルのことを思い出すんだ。……昔、俺は本当に寝たきりの子供だった。手術しても良くなるとは限らないのに、それを待っていたんだ。あてのないものを待つのは、ふだんは良くても発作の時なんて、もう心からゆううつで不安になった。つらくて仕方がなかったよ」

B 雨音が消えてゆくように思えた。私たちは彼の唐突な話を集中して聞いていた。恭一は淡々としかしはっきりと語り、その声は静かな部屋に響いた。

「発作の時は、いつも横になって何も考えないようにしていた。目を閉じると、いらないことを考えてしまうし、闇がいやで、ずっと目を開いていた。そして、苦しさがすぎるのを待つんだ。クマに出会って死んだふりをするって、きっとああいう気持ちなんだろうな。実にいやな状態なんだ。俺の枕カバーは特製で、母親が嫁入りのとき祖母から贈られた外国製の良いタオルだった。母親はそれをずうっと大切に使ってきて、はしがほつれたんで枕カバーに縫いなおしてくれたんだ、濃いブルーに、色とりどりの外国の旗がずらりと並んでいるかっこいい柄でね。そのくっきりした色合いを、横になった角度からじっと、じっと見ていた。いつもそうやってやりすごしていた。……その頃は何とも思っていなかったんだが、後でさ、例えば手術の前や、手術後のつらい時、その他もろもろのいやな事にぶつかる度に頭の中にぱーん、とあのタオルの柄が浮かぶんだ。そんなものはもうとっくにこの世にはないのに、まるっきり目の前にあるとしか思えないほどくっきり見えるんだ。今にも手に取れそうなくらいにね。そして、妙に気持ちがしっかりしてくるんだ。俺は、これは**C**ひとつの信仰だなと思った。何だか面白いだろ、おわり。これでいい？」

「なるほど……」

と私は言った。彼の落ち着き、きちっと線を引いたような老成したふるまい、そしてその瞳は、彼がそういう子供時代を過ごしてきたから身についたものなのだろう。その**D**出かたは全く正反対にしても、ひとりだけの道を歩いてきたところはつぐみも同じだった。それがいくら自然の産み出したやむをえないこととはいえ、つぐみのこわれた肉体に、つぐみの心が宿っているというのはひどく切ないことだった。つぐみには誰（だれ）よりも深く、宇宙に届くほどの燃えるような強い魂があるのに、肉体は極端にそれを制限しているのだ。その空（むな）しいエネルギーが、恭一の瞳の中にあるものをひと目で感じ取ったのだろう。

「旗を見て、遠くの国のことを考えたりした？　死んでから行く所のことも？」

つぐみが恭一を見てどきりとすることを言った。

「うん、いつも考えてた」

恭一は言った。

「そして、今はどこにでも行ける奴（やつ）になれたんだね、いいなあ」

つぐみは言った。

「うん、君もなれよ。………いや、どこにでも行ければいいってもんじゃない。ここもいい所だよ。ビーチサンダルで、水着で歩けて、山も海もある。君の心は丈夫だし、君は気骨があるから、ずっとここにいても、世界中を旅している奴よりたくさんのものを見ることができるよ。そういう気がするね」

恭一は静かにそう言った。

「だといいな」

つぐみは笑った。瞳をきらきらさせて、(i)ほてったほほのままで白い歯をにこっと見せた。白いふとんにつやめいたそのほほの赤がほんのりうつりそうだった。今日はとても涙もろくなっている私は、思わず下を向いて、まばたきをした。

その時、(ii)つぐみが恭一をまっすぐ見て言った。

「E おまえを好きになった」

戦略の決定

本問題の前書きは登場人物の関係についての概略だけである。場面についても「本文はその後の場面である」とあるだけで、その後の「どういう場面」かが示されていない。また、問題文全体を見渡しても、前の例題のように場面分けがきちんとなされていない。

着眼点

場面全体についての説明・場面分けがない。

あとで見るが、設問も文中の傍線部分五箇所に関する部分説明問題が設けられているだけである。

着眼点

全体の把握を要する設問がない。

このような問題では、第１章で見たように「傍線部分に関する箇所」に注目した**戦略Ⅱ**を使って解いてみよう。

戦略Ⅱ　文脈・前後関係から解く

（「部分」から「全体」へのアプローチ）

1　傍線部分の表現をチェックする

→

2　【関連する部分】を探索する

（i）【指示語】
（ii）【同一表現】・【類似表現】
（iii）【並列表現】・【対比表現】
（iv）【因果関係】
など

各設問の見きわめのポイントを抽出する

→

3　部分説明問題を解く

2で抽出したポイントを用いて。

→

4　3を手がかりに全体把握問題（もしあれば）を解く

「戦略の決定」でみた**「関連する部分」**とは、具体的には以下のようなものだ。第1章でも述べたが、再録する。

【関連する部分】の追い方

解法のコツ⑧……傍線部分に関わる【指示語】

・傍線部分に含まれているもの
・傍線部分にかかっているもの
・傍線部分を指しているもの

などの指示語の指示内容は、きちんと押さえておく。

解法のコツ⑨……傍線部分の【同一】・【類似】の表現

・他の箇所で用いられている同じ言葉に要注意
　………繰り返し使われている⇓重要だから・キーワードだから。

「つまり」
「いいかえれば」…（換言の接続詞）
「も」………………（並列の副助詞）

などに要注意…同種の内容を導く場合に用いられるものだから。

解法のコツ⑩……傍線部分と【対比】・【並列】されている表現

「しかし」「一方」などの対比の接続語に要注意。何と何とがどのように対比されているのかを、きちんと見きわめておこう。

解法のコツ⑪ ……傍線部分に関わる【因果関係】

傍線部分が、

一、どのようにして生じたのか（前提・条件・原因）

二、そのことによってどうなったのか（影響・効果・結果）

ということを見きわめておこう。「だから」「したがって」などの接続語や、「……によって」などの表現に注意。

基本的にはこれである。ただし、

小説が素材となった問題の場合には、論理関係を明確に示す表現（指示語・接続語・因果関係語等）が出てくることは比較的少ない。

傍線部分とその前後関係から、関連する表現をしっかり見きわめて解いていこう。

まずは傍線部**A**から。ここでいう「うそ」とは、直前の「つぐみ」の科白（セリフ）＝「娘を海より深く愛しているんだよ」（ℓ5）に対して「私」（まりあ）が思ったことである。そしてその「私」の考えている真相として「おばさんの平静さは……単なる慣れであった」（ℓ6〜7）と述べられている。

以上のことをまとめれば、次のようになる。

解法のコツ⑩ ……関連する部分の追い方―対比……

おばさんが平静であるのは、

(i)「つぐみ」の母（おばさん）が娘（つぐみ）を愛しているから。←「うそ」

(ii)「つぐみ」の母（おばさん）の「単なる慣れ」によるものである。←「本当」

このことを押さえてから選択肢群を見てみよう。

部分説明問題を解く　1

問２　傍線部**A**「うそをつけ」という思いは、「つぐみ」に対する「私」のどのような判断から生まれたのだろうか。その説明として最も適当なものを、次の①～⑤のうちから一つ選べ。

① おばさんの習慣的な冷淡さを、それと分かるようなうそで表現したので、小気味良く思った。

② おばさんの優しさを、珍しく皮肉に表現したことに、恭一への恋心を発見して驚いた。

③ おばさんの冷静さを、恭一の前では隠してしまうわがままに、あきれてしまった。

④ おばさんの愛情を、恭一の前でもそらぞらしく表現してしまうことを、不愉快に思った。

⑤ おばさんの(ii)単なる慣れを、おおげさな(i)愛情の表現にすりかえたと考えて軽く反発した。

(i)・(ii)ともに踏まえている選択肢は⑤。**「愛」ではなくて「慣れ」なんだ……**ということがちゃんと押さえられている選択肢は⑤しかない。②・③には「愛」も「慣れ」もない。

①には「慣れ」に相当する記述（「習慣的な」）はあるが、「愛」に相当するものがない。しかも、おばさんが「平静であること」がイコール「冷淡さ」と判断する記述も問題文中にはない。④は逆に「愛情」という記述はあるが「慣れ」に相当するものがない。

次に進む。傍線部**B**の「思えた」の主語は、直後に「私たちは……」とあるように、この場面の主人公である「私」（まりあ）と「つぐみ」の二人である。

> 「『タオル？』と私は言い、つぐみもきょとんとした。」（ℓ26）
> ↓　…この部分以降、二人は「恭一」の話を聞いている状態。
> 傍線部B
> ↓
> 「私たちは彼の唐突な話を集中して聞いていた」（ℓ33）

そう考えてくると、この「雨音が消えてゆくように」という表現は、**「私たち」（まりあ＋つぐみ）が「恭一」の話に集中していることとの関連**でとらえられる。

これだけ押さえてから選択肢群を見てみよう。

問3　傍線部**B**「雨音が消えてゆくように思えた。」は、この場面のどんな状況を表現しているか。最も適当なものを、次の①〜⑤のうちから一つ選べ。

①　唐突に始まった恭一の話は、思いがけなくも病気の話だった。その話に落胆してしまった私たちの

心情を、消える雨音で表現している。

② 恭一は風変わりな話を始めたが、その話は、不安でつらい病気の話だった。幼時を回想する恭一の不安でつらい気持ちを、消える雨音で表現している。

③○ 唐突に始まった恭一の話だが、その話に私たちは引き付けられた。私たちが周りの世界から断ち切られて話の世界へ入ったことを、消える雨音で表現している。

④ 恭一は思いがけない話を始めたが、彼はその話で私たちを感動させる自信があった。恭一のねらいどおりに話が展開したことを、消える雨音で表現している。

⑤ 恭一の話は、私たちにとっては思いがけない病気の話だった。私たちがその話の展開にあぜんとしているさまを、消える雨音で表現している。

部分説明問題を解く　2

それぞれの選択肢の「……を」に相当する部分は、設問にある「どんな状況」かを示している。抜き出してみると以下のとおり。

解法のコツ③ ……視点の移動―記述の相違……

① 「落胆してしまった私たちの心情」
② 「恭一の不安でつらい気持ち」
③ 「私たちが周りの世界から断ち切られて話の世界へ入ったこと」
④ 「恭一のねらいどおりに話が展開したこと」
⑤ 「私たちがその話の展開にあぜんとしているさま」

「私たち」が「恭一」の話に没頭している……という筋にぴたりと合っているのは③。⑤の「あぜん」というのは傍線部分直後の「唐突」につながる表現であるが、これではここで二人が「恭一」の話に引き込まれたというニュアンスに弱い。①の「落胆」というのは的外れ。②・④は「恭一」を主語にしている点でさらに的外れ。というわけで正解は③。

続いて問4、傍線部C。ここに関しては、直前に「これは」という指示語がある。この指示内容は前文である。

解法のコツ⑧ ……関連する部分の追い方―指示語……

「これ」＝「そして、妙に気持ちがしっかりしてくるんだ」（ℓ43）

これだけを押さえて、選択肢群を見てみよう。

部分説明問題を解く 3

問4 傍線部C「ひとつの信仰」とあるが、恭一がそう言ったのはなぜか。その説明として最も適当なものを、次の①～⑤のうちから一つ選べ。

× ① つらい時やいやな事にぶつかる度に、枕カバーの端のほつれにかかわる悲しい思い出が、恭一を切なくしたから。

× ② 亡くなった母親を思う気持ちが、その愛用のタオル地の枕カバーを代償に、異常なまでに恭一を引き付けたから。

③ 母親ゆかりのタオル地の枕カバーが、恭一の老成したふるまいのもとになっていることに、恭一自身気付いたから。
④ 発作の時、苦しさをやりすごす手段だったタオル地の特製の枕カバーが、今も恭一の気持ちを支えてくれるから。
⑤ 母親ゆかりのタオル地の枕カバーは、今も手元にあり、恭一の気持ちをしっかりさせるのに妙に役立っているから。

「しっかりしてくる」気持ちに相当する内容をもった選択肢は④（**「今も恭一の気持ちを支えてくれる」**）と⑤（**「恭一の気持ちをしっかりさせるのに妙に役立っている」**）の二つだけである。①の「恭一を切なくした」・②の「亡くなった母親を思う気持ち」・③の「老成したふるまい……恭一自身気付いた」はいずれもこの指示内容を踏まえていない。④と⑤の相違は、「枕カバー」が「今も手元にあり」としている⑤に対して、④にはその種の記述がないことにある。それを踏まえてから問題文に戻ってみると、前の文に「そんなものはもうとっくにこの世にはないのに」とある。したがって正解は④。

次に**問5**、傍線部**D**。傍線部分は「その出かたは全く正反対にしても、……つぐみも同じだった。」という一文の一部分である。ここで「つぐみ**も**」とあるのは、直前に登場する人（つまりは「彼」＝「恭一」）と「つぐみ」が共通点をもっていることになる。その共通点とは、**「ひとりだけの道を歩いてきたところ」**（ℓ47）と述べられている。

その「ひとりだけの道を歩いてきたところ」において「つぐみ」と「恭一」とは共通しているが、その現れ方が正反対だ……

というのが傍線部分の趣旨なのである。では、その「出かた」はどうなのか。「恭一」については直前に**「彼の落ち着き、きちっと線を引いたような老成したふるまい……」**(i)と述べられているが、「つぐみ」についての直接的な記述はない。しかしながら、問題文を通してつぐみの言葉遣いや行動から(i)を裏返した形、つまり**「落ち着きがない・老成していない(子どもじみている)」という内容**(ii)になることは見当がつく。

解法のコツ⑩ ……関連する部分の追い方—対比……

共通点……「ひとりだけの道を歩いてきたところ」

反対要素…〈恭一〉「彼の落ち着き、きちっと線を引いたようなな老成したふるまい……」(i)
〈つぐみ〉「落ち着きがない・老成していない(子どもじみている)」という内容(ii)

ここまで押さえてから選択肢を見てみよう。

問5 傍線部**D**「出かたは全く正反対」とあるが、何と何とが正反対というのか。その説明として最も適当なものを、次の①〜⑤のうちから一つ選べ。

① 枕カバーへの恭一のこだわりと、ビーチサンダルをはき水着をつけて歩く夢へのつぐみのこだわり。

部分説明問題を解く　4

② 生きることに対する恭一の意欲的な強い姿勢と、病に冒されたつぐみの死を思う弱い姿勢。

③ 落ち着いていかにも老成した恭一のふるまいと、大胆でわがままなつぐみの自己主張。

④ 心身ともに安定してゆったりしている恭一の態度と、こわれた肉体に燃える心を包んだつぐみの態度。

⑤ 一つの信仰を持って生きる恭一の生き方と、宇宙に届くほどの強い魂を持ったつぐみの生き方。

(i)を押さえている選択肢がそもそも③しかなく、(ii)に関してもすぐに判断できる。

では最後の**問6**、傍線部**E**。ここで「おまえを好きになった」と言っているのは「つぐみ」。その「つぐみ」の様子については直前に以下の二つの記述がある。

> 「瞳をきらきらさせて、ほてったほほのままで白い歯をにこっと見せた」(i)
> 「(つぐみが恭一を)まっすぐ見て言った」(ii)

この(i)・(ii)を踏まえてから選択肢群に目を移そう。

部分説明問題を解く　5

問6　傍線部**E**「おまえを好きになった」とあるが、この言い方にこもるつぐみの気持ちを端的に整理するとどうなるか。最も適当なものを、次の①〜⑤のうちから一つ選べ。

① 乱暴と自信
②○ (i)照れと(ii)率直
③ 単純と悲哀
④ 媚（こび）と喜び
⑤ 決断と高慢

(i)が「照れ」・(ii)が「率直」ということで②にピタリとはまっている。このように、心情に関する説明問題の場合は、**傍線部分それ自体よりも、そこに至るまでの経緯や情景の説明部分に見きわめのポイントがある場合が多い**ものだ。小説を素材とした問題を解く時には注意しよう。

文学的文章における「部分から全体へ」という解き方はこれでおわかりいただけたであろうか。基本は論理的文章【**戦略Ⅱ**】と同じ。ただし言葉遣いが違うぶんだけ読みとりに少し工夫が要る……という程度だ。あるポイントを絞って**「それに相当する記述があるかないか」を見きわめていく**手法は共通である。

そして、文学的文章においてもやはり、構成も見えない、傍線部分もよくわからない……という問題は存在する。長編の一部分を無理に切ったために、文章としてのまとまりがなくなってしまっているものだ。そのため、構成はつかみにくく、設問部分もそこを読んだだけでは文脈を把握することが難しい。そのような問題への対処法を、**例題3**では扱っていく。

例題３　山田詠美「眠れる分度器」

次の文章は、山田詠美（えいみ）の小説「眠れる分度器」の一節である。主人公の時田秀美は転校してきて一か月になる。秀美は、子供を親の価値観でしばりつけたくないと考える母親のもとに育った。彼はいつも自分の感じたままに行動してしまうため、教室全体の協調性を重んじる担任の奥村の気持ちをことごとく逆なでしてしまうし、クラスの子供たちとも親しくなれないでいる。そんなある日、教室で、奥村から「このままだと不良になってしまうぞ」と言われて、秀美は立ち上がって反発する。本文はそれに続く場面である。これを読んで、後の問い（問１〜６）に答えよ。（配点　50）

他の子供たちは、強烈な事件の成り行きを固唾（かたず）を呑（の）んで見守っていた。子供が教師に逆らうというのを彼らは、初めて、目撃したのだった。彼らにとって、教師は、自分たちの上に君臨する脅威に等しかった。彼らは、教師を漠然と恐れていた。その恐れを少なく感じさせる教師程、彼らの好意をものにすることが出来たが、その分、威厳は失われた。恐れるということは、従うということだった。彼らは、従うことが、どれ程、学校での生活を快適にするかという知恵を身につけていた。両親の口振り、特に母親のそれは、教師の領域を犯してはいけないのを、子供たちに常に悟らせているのだった。そこに、「尊厳に値するもの」というラベルの扱い方を、上手（うま）い具合に、組み込んでいた。それ故、子供たちは、そのラベルを剝（は）がすのが、自分に困難をもたらすことに等しいと、本能的に悟っていた。

親しみ深い教師は、何人も存在していた。彼らを見つけ出すたびに、そっと、子供たちは、ラベルを剝がしてみる。そのことが、教師を喜ばせ、休息を伴った自らの地位の向上に役立つのを知っていたからだ。しかし、糊（のり）は、いつも乾かさないように注意している。生（なま）あたたかい唾（つば）を広げて、不都合を察知すると、すぐに、休息を封印する。

教師に忌み嫌われる子供は、その方法を、知らないのだった。習得してしまえば、これ程便利なものの存在に気付いていないのだった。鈍感さのために。あるいは、知ろうとしない依怙地（いこじ）さのために。

A 賢い子供たちは、前者を見下し、後者を排斥する。すると、不思議な優越感に身を浸すことが出来る。優越感は、連帯意識を育て、いっそう強固になって行く。そうなると、もう、それを捨てることが出来なくなる。恐(こわ)いのだ。教師に対して持つ脅威よりも、はるかに、連帯から、はじき出されることに対する脅威の方が大きいのだ。

子供たちは、とうに、秀美を排斥しつつあったが、このような事件に遭遇すると、混乱して言葉を失ってしまうのだった。秀美が何の役にも立たない勇気を意味なく誇示しているように思われた。そこまでして、彼が、何を証明したいのかを理解するには、子供は子供であり過ぎる。そして、彼を理解しようと試みるには、子供は、あまりにも大人のやり方を学び過ぎていた。

他の子供と自分は違う。この事実に、秀美は、とうに気付いていた。自分の物言いや態度が、他人を苛立(いらだ)たせるのも知っていた。そのことで、彼は、たびたび孤独を味わっていたが、自分には、常に支えてくれる母親と祖父が存在しているという安心感が、それを打ち消していた。打ち消して、それでも、まだ溢(あふ)れてくる力強さを、保護者の二人から感じていた。そう思うと、学校での出来事など、取るに足りないことのようにすら思えてくる。彼は、自分の帰る場所に存在している大人たちから、自分の困難が、成長と共に減って行くであろうことを予測していた。それは、時間の流れに沿って泳いで行けば、たちまち、同種の人間たちに出会うだろうという確信に近いものをもたらした。

過去は、どんな内容にせよ、笑うことが出来るものよ。母親は、いつも、そう言って、秀美を落ち着かせた。自分の現在は、常に未来のためのものだ。彼は、そう思った。そして、ある堤防まで辿(たど)り着いた時に、現在は、現在のためにだけ存在するようになるのを予感した。堤防を越えようとする時、その汗のしたたりは、現在進行形になる筈(はず)だ。それまでは、どのような困難も甘受するのが、子供の義務だと、彼は思った。くだらない教師に出会うのは身の不運、素晴らしい教師に出会うのは、素晴らしい贈り物。彼は、そう自分に言いきかせる。すると、必ず、心の内に、前の小学校の白井教頭の顔が浮かぶのだった。

秀美は、祖父の次に白井教頭を愛していた。彼は、子供たちに、自分を見くびらせるという高等技術をもって接していた。けれど、誰(だれ)も、本心から白井を見くびる者はいなかった。見くびらせて子供と親しくなろうという魂胆を持った教師は、少なくなかったが、子供たちは、うわべのたくらみは、すぐに見抜いた。好かれようと子供に媚(こび)を売るのではなく、子供たちと同じ視線でものを見てみたいという、純粋な欲望から、彼は自らを気やすい者に仕立てていたのだった。そして、その姿勢は、好ましいものに、子供たちの目には映った。子供たちの世界で、やはり、嘘は罪であり続けるのだった。

秀美と数人の仲間は、休み時間や放課後、用もないのに、校長室の前をうろついた。そこに、白井教頭がいることが多いからだった。運良く、校長が不在の時、彼らは、中に入り、白井と話をすることが出来た。

秀美は、彼に、こんな質問をしたことがある。

「生きてるのと、死んでるのって、どう違うんですか？」

白井は、笑って、秀美を見詰めた。秀美の連れていた他の子供たちも、興味津々という表情を浮かべて彼の答えを待っていた。

「先生は死んだことないから、正確なことは解らんが、考えてみることは出来るぞ。きみたちは、どう違うと思う？」

子供たちは、口々に、叫んだ。

「心臓が止まっちゃうこと！」

「お墓が自分の家になること！」

「息が止まること！」

「えーと、えーと、天国の住人になること！」

「ばーか、おまえなんか、地獄に行くんだい」

「冷たくなって、動かなくなること！」

「食べ物を食べなくてもすむこと。ピーマンを食べなくてすむんだ」

「お墓にピーマンを入れてやるよ」

「うるせえ」

まあまあ、と言うように、白井は、子供たちを制した。

「なかなか、当たってるかもしれないぞ。でもな、心臓が止まっても呼吸が止まっても、お医者さんは、死んだと認めないこともあるんだぞ。それだけでは、生き返る場合もある」

白井の言葉に衝撃を受けて、子供たちは、顔を見合わせていた。信じられなかった。どうやら、死ぬのには、色々な条件があるらしい、と悟ったのは、この時が初めてだった。

「先生は、どう思うんですか?」

秀美は、もどかしそうに尋ねた。すると、微笑を浮かべて、白井は、自分のワイシャツの袖をまくり上げて、腕を出した。

「先生の腕を噛んでみる勇気のある奴はいるか?」

意外な質問に、子供たちは、驚いて言葉を失っていた。

「ぼく、やります!」

秀美は、呆気に取られる仲間たちを尻目に、いきなり、白井の腕に噛みついた。

「もっと、もっと、手加減しないでいいぞ。なんだ、時田、おまえの歯は入れ歯か? ちっとも、痛くないぞ」

秀美は、むきになって、上顎に力を入れた。白井は、さすがに、苦痛を感じたらしく、顔を歪めた。

「いてて、降参、降参、すごいりっぱな歯だな、時田のは」

白井は、ゆっくりと、力を抜いた秀美の口を、腕から外した。そこには、歯の跡がくっきりと付き、血が滲んでいた。

「わあ、血が出てる」

誰かが呟いた。秀美は、自分の唇を指で拭った。口の中が生あたたかく、錆びたような味が漂っていた。

「どうだ、時田、先生の血は?」

「あったかくって、ぬるぬるします。変な味がする」

「それが、生きているってことだよ」

白井の言わんとすることを計りかねて、子供たちは顔を見合わせた。秀美は、軽い吐き気をこらえながら、白井の次の言葉を待った。

「生きてる人間の血には、味がある。おまけに、あったかい」

「じゃ、死ぬと味がなくなっちゃうんですか?」

「そうだよ。冷たくて、味のないのが死んだ人の血だ」

へえっと、驚きの声が上がった。

「だからな、死にたくなければ、冷たくって味のない奴になるな。いつも、生きてる血を体の中に流しておけ」

「どうやったら、いいんですか?」

「そんなのは知らん。自分で考えろ。先生の専門は、社会科だからな。あんまり困らせるな。それから、時田、このことも覚えとけ。あったかい血はいいけど、温度を上げ過ぎると、血が沸騰して、血管が破裂しちゃうんだぞ」

秀美は、曖昧に頷いた。彼は、舌に残る血の味を何度も反芻していた。味のある血。この言葉を、もしかしたら、自分は、生涯、**D**忘れることはないのではないか。そんな予感が胸をかすめた。吐き気は、もう、とうに治まっていた。それどころか、喉に移行する不思議なあたたかさを、いとおしくさえ思っていた。

戦略の決定

構成も文脈も読みとりにくい問題、というのはこの出題などが例である。実際、この大問の得点率は47・6%と、非常に低かった。そして**問3**などを中心に、「この部分の記述から正解を導くのは無理がある」という意見があがった問題でもあった。

ここまでに挙げた二つの**戦略**でこの問題に対処していくことは難しい。「前書き」にはこの文章について、主人公の「秀美」が「担任の奥村」から「このままだと不良になってしまうぞ」と言われた後の場面であると述べられているだけであり、それに続く「どういう場面か」は述べられていない。また、後で詳しく見るが、たとえば「前者」「後者」という二つの指示語から**問2**の各選択肢を見きわめていこうとしても、「前者」＝「鈍感さ」・「後者」＝「依怙地さ」に相当する内容がそれぞれの選択肢の中に直接には求めにくい。

着眼点

全体全体の場面設定がはっきりしていない→【戦略Ⅰ】は使いにくい。
「関連する部分」を見きわめのポイントにするのは難しい→【戦略Ⅱ】も使いにくい。

さあ、どうする？

このような時は、第1章の**例題3**と同じように、まずは選択肢群を見て、そこから見きわめのポイントを抽出する**戦略Ⅲ**で取り組んでみるのだ。

戦略Ⅲ　設問・選択肢から解く

（構成も文脈も見えにくい場合の「奥の手」）

1　各設問の選択肢群を見比べ、【見きわめのポイント】を抽出

共通する文言……読解のヒント

相違する文言……見きわめのポイント

（ある**キーワード**の有無）

（ある事柄についての**捉え方の差**）

→

2　部分説明問題を解く

1で抽出した見きわめのポイントにどれが一番近いか。

→

3　2を手がかりに全体把握問題を解く

解法のコツ① ……「攻め方」の方向性―戦略Ⅲ……

選択肢【異同の抽出】→設問・問題文【部分説明】→設問【全体把握】の順で攻める。

実際にやってみよう。まずは**問2**から。

部分説明問題を解く　1

問2　傍線部**A**「賢い子供たちは、前者を見下し、後者を排斥する」とあるが、それはどういうことか。その説明として最も適当なものを、次の①〜⑤のうちから一つ選べ。

① 教師を喜ばせるための秘訣(ひけつ)を知っている子供たちは、クラス内で自分の地位を向上させようとしない子供を見下し、教師の言うことを聞かない意地っ張りな子供を排斥するということ。

② クラス内で安定した地位を占めることができた子供たちは、自分たちに媚(こ)びる子供を見下し、頑(かたくな)に自分たちに反抗する態度をとり続ける子供を排斥するということ。

③ 自分が教師よりも利口だと思っている子供たちは、無神経に教師の領域を犯してしまう子供を見下し、いつまでも子供らしいままでいようとする人間を排斥するということ。

④ 学校での生活を快適にするための術(すべ)を心得ている子供たちは、表立って教師に逆らうような子供を見下し、クラスの連帯意識の重要性に気がつかない子供を排斥するということ。

⑤ 教室の中でうまく立ち回るための知恵を身につけている子供たちは、教師との関係に対して不器用な子供を見下し、自己主張を曲げない子供を排斥するということ。

戦略の決定でも述べたが、傍線部分にある「前者」と「後者」という二つの指示語の直接の指示内容は、直前の文にあるように**「前者」＝「鈍感さ」・「後者」＝「依怙地さ」**である。ただ、それを押さえて各選択肢を見ていっても、どれもあたっているようで外れているようでなかなか絞れない。では逆に、**それぞれの選択肢が「前者」(i)・「後者」(ii)をどう捉えているか**を見比べてみよう。

解法のコツ③……視点の移動 ― 記述の相違……

①　(i)＝クラス内で自分の地位を向上させようとしない子供
　　(ii)＝教師の言うことを聞かない意地っ張りな子供

②　(i)＝自分たち（クラス内で安定した地位にいる子供たち）に媚びる子供
　　(ii)＝自分たち（クラス内で安定した地位にいる子供たち）に反抗する態度をとり続ける子供

③　(i)＝無神経に教師の領域を犯してしまう子供
　　(ii)＝いつまでも子供らしいままでいようとする人間

④　(i)＝表立って教師に逆らうような子供
　　(ii)＝クラスの連帯意識の重要性に気がつかない子供

⑤　(i)＝教師との関係に対して不器用な子供
　　(ii)＝自己主張を曲げない子供

それぞれの(i)の部分を見比べてみると、**「クラスの子供たち」との関係**になっているのが①・②、**「教師」との関係**になっているのが③・④・⑤である。そこを踏まえてから傍線部分の近辺に戻ってみよう。

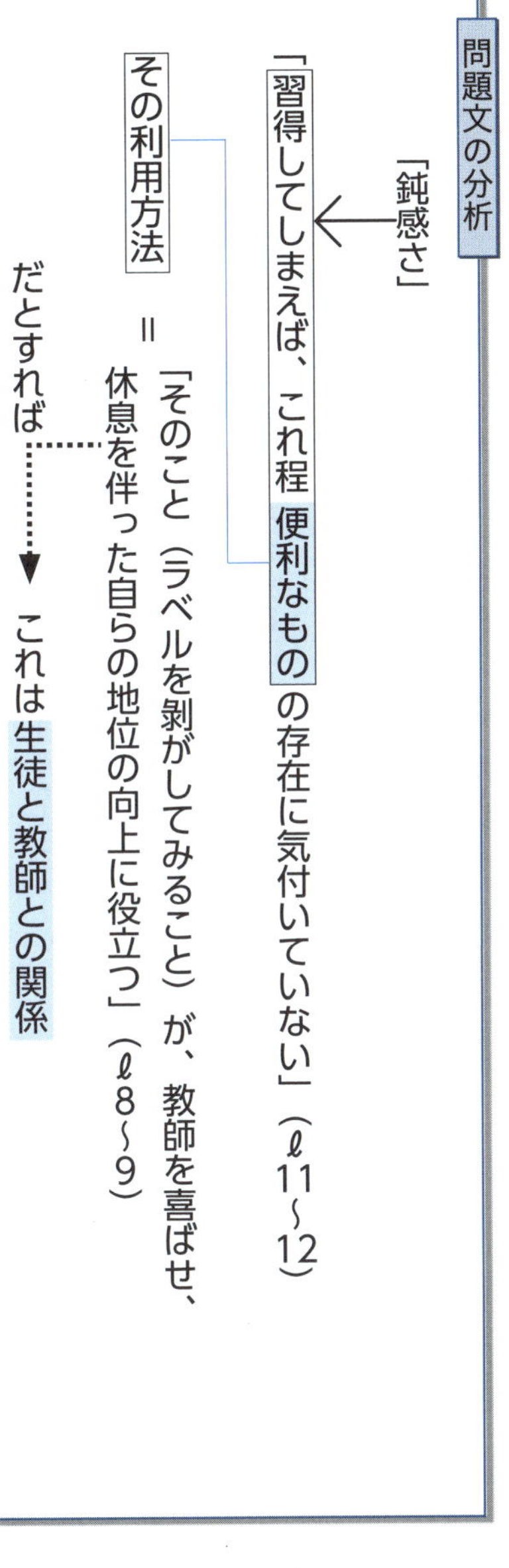

右のように問題文を追っていくと、①・②はカットできる。その延長線上で考えれば、(ii)＝「知ろうとしない依怙地さ」というのも、**「教師」との関係においてうまく立ち回るすべを知ろうとしない**、という意味に捉えられよう。それを踏まえてそれぞれの選択肢の(ii)の部分を見ていくと、**クラス内の（子供同士の）人間関係**でこれを捉えている②・④は不適切だと判断できる。③の「いつまでも子供らしいままでいようとする人間」というのでは、「教師」との関係でうまく立ち回らないということと比してやや的外れ。この(ii)の点では①・⑤が妥当であろう。ただし①は(i)が不適切。両方を考え併せると解答は⑤、ということになる。

では次に**問3**を見てみよう。設問の指示に「本文全体の内容をふまえて」とあるのは、**傍線部分および直接に関連する部分だけでは解答が出にくい**ということを、出題者が教えてくれているものと解釈しよう。

部分説明問題を解く　2

問3　傍線部**B**「彼が、何を証明したいのか」とあるが、ここで「彼」が明らかにしたかったのは、どのようなことと考えられるか。本文全体の内容をふまえて、最も適当なものを、次の①〜⑤のうちから一つ選べ。

① 自分たちは、学校という場に拘束されており、子供であるということを理由にどれほど教師の脅威にさらされ、個人としての人権を無視されているかということ。

② 担任の奥村が、子供たちと同じ視線でものを見ていきたいという純粋な欲望を持ち、血の通った人間として互いに接しあえる教師であるかどうかということ。

③ 都合のいいときだけ子供の世界に歩み寄ろうとする担任の奥村のやり方は、教師としてふさわしくないのだから、自分が反抗するのは正当な行為だということ。

④ 時が過ぎればどんなことも笑い飛ばすことができるようになると言って自分を安心させてくれた母親の言葉が、学校という場でも通用するかどうかということ。

⑤ 担任の奥村は、クラス全体に自分の考え方を浸透させるために、わざと自分を見くびらせて子供と親しくなろうという魂胆を持った教師であるということ。

それぞれの選択肢が、**「何が」「どうであること」**を明らかにしたかった、と述べているのかに注目して、選択肢を**「ヨコに読む」**のだ。

解法のコツ③ ……視点の移動―記述の相違……

①「自分たち」は……「個人としての人権を無視されている」
②「担任の奥村」が……「血の通った人間として互いに接しあえる教師であるかどうか」
③「自分が（教師に）反抗する」のは……「正当な行為だ」
④「母親の言葉」が……「学校という場でも通用するかどうか」
⑤「担任の奥村」は……「わざと自分を見くびらせて子供と親しくなろうという魂胆を持った教師だ」

それぞれの選択肢の主語が異なっていることに気づいただろうか。その点を押さえた上で、傍線部分直前の「そこまでして」の「そこ」（ℓ17）が指す内容と関連する事柄を探せばよい。

問題文の分析

「そこ」＝「このような事件」（ℓ16）

「ある日、教室で、奥村から……言われて、秀美は立ち上がって反発する」（前書きでの説明）

だとすれば、→ この指示内容は「秀美」が担任の「奥村」に対して反発していることこのように押さえて、「秀美」と「奥村」との関係に言及している②・⑤を残す。①・④は「奥村」に触れていない点で適当でない。③は「奥村」に言及してはいるが、あくまでも主体は「自分の反抗」の正当性を訴えることであるし、「都合のいいときだけ子供の世界に歩み寄ろうとする担任の奥村のやり方」についても、問題文中に相当する記述はない。したがってこれも不適切であろう。②と⑤の吟味であるが、⑤「担任の奥村」に関しては「わざと自分を見くびらせて子供と親しくなろう」という記述に相当する部分が問題文中にないことから、②を選ぶ。「わざと自分を見くびらせる」というのは、「秀美」の前の学校にいた「白井」に関連して出てくる記述であり、「奥村」にもあてはまる記述としてしまうのは不適切。その点、②の「奥村が……かどうかということ」という表現ならば、そうした不適切さはない。むろん、②の選択肢にあるような、「秀美」が担任の「奥村」を試そうとしているという旨の直接の記述は問題文中にはない（だからこの設問には多少の無理がなくはない）。しかしながら、後に**「白井」が「子供たちと同じ視線でものを見てみたいという、純粋な欲望」（ℓ35）をもつもの**として回想されている記述に照らし合わせれば、この選択肢が不適切だとはいえまい（他の選択肢に比べて不適切さが少ない）。そのため「最も適当なもの」を選ぶとすれば、②になるのである。

では**問４**。

部分説明問題を解く　３

問４　傍線部**C**「微笑を浮かべて、白井は、自分のワイシャツの袖をまくり上げて、腕を出した」とあるが、この白井の行動にはどのような気持ちが込められているか。その説明として最も適当なものを、次の①〜⑤のうちから一つ選べ。

①　秀美には自分の中に興味や疑問が生じると性急に答えを求めたがる傾向がある。そんな彼のことを好ましく思いながらも、秀美の心のはやりをなだめ、一緒にみんなで考えるきっかけをつくろうとする気持ち。

② 心臓や呼吸が止まっただけでは人間の死とはいえないという話をしたことで、子供たちの表情はそれまでにない真剣なものに変わった。そこで、この場を利用して子供たちに人間の生命の大切さを理解させようとする気持ち。

③ 子供たち自身でものを考えるように会話をしむけることで、とりあえず子供たちの興味を引きつけることはできた。しかし、秀美だけは納得がいかない表情なので、わざと彼の勇気を試すようなものの言い方をして挑発する気持ち。

④ 人間の生と死にまつわる問題を子供たちと考えるのだから、いいかげんな理屈ではぐらかすわけにはいかない。だが、子供たちの目の前で、どうしたら生きていることの証(あかし)を見せてやることができるだろうかと思案する気持ち。

⑤ 好奇心が旺盛(おうせい)なくせに、普段は子供たちの仲間に入っていけない秀美が、いまやっと心を開こうとしている。絶好の機会だから、もっと彼の注意を引きつけて、人と人とが深く関(かか)わっていくことの楽しさを教えようとする気持ち。

それぞれの選択肢から、**「何を」「どうしたいのか」**に相当する部分を抜き出してみよう。

解法のコツ③ ……視点の移動 ― 記述の相違……

① 〈秀美の心のはやり〉を〈なだめる〉／〈一緒にみんなで考えるきっかけ〉を〈つくる〉
② 〈人間の生命の大切さ〉を〈理解させる〉
③ 〈彼（秀美）の勇気〉を〈試す〉〈挑発する〉

④〈どうしたら生きていることの証を見せてやることができる〉かを〈思案する〉
⑤〈人と人とが深く関わっていくことの楽しさ〉を〈教える〉

その上で、傍線部分の周辺に目を移してみよう。直前に「秀美は、もどかしそうに尋ねた。すると……」（ℓ60）とある。傍線部分の「白井」の行動は、**直接には「秀美」のもどかしい気持ちに導かれたもの**である。そのことを踏まえれば、①の「秀美の心のはやりをなだめ……」という記述がベストだと判断できる。②・④は「秀美」だけでなく**「子供たち」全員を対象としている点**で的外れ。③や⑤は「秀美」個人を押さえている点でより適切であるが、「納得がいかない」や「心を開こうとしている」というのでは「もどかしそうに」というニュアンスからやや外れる。また、③では「とりあえず……できた」や「試す」「挑発する」といった行動が、信頼に値する大人である白井の描写としてふさわしくない。よって、①が最も適切と判断できよう。これならば、この傍線部分に至る「白井」と子供たちとの一連のやりとりに照らしても矛盾する記述ではない。

では**問５**はどうか。

問５　傍線部**D**「喉に移行する不思議なあたたかさを、いとおしくさえ思っていた」とあるが、ここでの「いとおし」さとは、どのようなものか。その説明として最も適当なものを、次の①～⑤のうちから一つ選べ。

×
① 自分はいままで親しみを持てる教師と出会うことがなかったため、学校のなかではいつも孤独だったが、白井によってはじめて生きるということの意味を教えられた。ここでの「いとおし」さとは、素晴らしい先生との出会いの感動をいつまでも忘れたくないという気持ちである。

部分説明問題を解く　4

②×　温度を上げ過ぎると、血管が破裂するぞという警告を受けて、秀美ははじめて自分がいかに学校内で先走った態度をとっていたかを思い知らされた。ここでの「いとおし」さとは、こうして新たに成長した自分を大切にしようとする気持ちである。

③　喉を過ぎていく血のあたたかさを通して、秀美は、それが自分の体内にも流れており、結局、人間はみな平等なのだということを悟った。ここでの「いとおし」さとは、白井とのやりとりのなかで気づくことのできたその感動を、記憶にとどめたいという気持ちである。

④×　多くの教師たちは、うわべだけのやさしさを漂わせながら子供たちの世界に侵入してきたが、白井だけは本気で自分を心配してくれた。ここでの「いとおし」さとは、そんな白井の存在をいつまでも身近なものとして感じていたいと思慕する気持ちである。

⑤○　はじめは錆びたようにしか感じられなかった血の味が、しだいに生きていることを実感させる味へと変化してきた。ここでの「いとおし」さとは、白井の教えを通して、生命のもっているあたたかさにふれた喜びを大切にしたいという気持ちである。

この設問の選択肢はいずれもかなりの長さがある。ポイントを絞って見比べていくようにするとよい。たとえば、各選択肢の後半にある**「何を」「どう思っているか」**の部分に注目して、それぞれの記述を抽出してみると以下のようになる。

解法のコツ③　……視点の移動―記述の相違……

①「素晴らしい先生との出会いの感動」―「忘れたくない」
②「新たに成長した自分」―「大切にしよう」
③「その感動（＝人間はみな平等なのだ）」―「記憶にとどめたい」
④「白井の存在」―「身近なものとして感じていたい」
⑤「生命のもっているあたたかさにふれた喜び」―「大切にしたい」

このようにポイントとなる箇所を抽出し、それぞれの相違を見きわめた上で傍線部分の直前を見てみる。「この言葉を、もしかしたら、自分は、生涯、忘れることはないのではないか。そんな予感……」（ℓ85〜86）と記されている。「この言葉」とは、「白井」が言った「生きてる人間の血には、味がある。おまけに、あったかい」（ℓ77）を受けている。この経緯を最も具体的に押さえている選択肢……と見ていけば⑤を選ぶことができるはず。①・②・④は問題文の記述に照らして矛盾してはいないが、この**「生きてる」ということにふれていない点**で⑤に劣る。つまり「最も適当なもの」とはいえない。③の「人間はみな平等」については、問題文中にこれに相当する適切な記述がないので誤り……というわけだ。

このように、選択肢や設問に注目して、そこから傍線部分に戻って選択肢を選んでいく、というやり方もあるのだ。ここまでできてしまえば、あとは第1章の**例題2・例題3**と同じように全体把握の問題に取り掛かろう。

ここまでの正解の選択肢を抜き出してみると以下のようになる。

問2　⑤　教室の中でうまく立ち回るための知恵を身につけている子供たちは、教師との関係に対して不器用な子供を見下し、自己主張を曲げない子供を排斥するということ。

問3　②　担任の奥村が、子供たちと同じ視線でものを見ていきたいという純粋な欲望を持ち、血の通った人間として互いに接しあえる教師であるかどうかということ。

問4　①　秀美には自分の中に興味や疑問が生じると性急に答えを求めたがる傾向がある。そんな彼のことを好ましく思いながらも、秀美の心のはやりをなだめ、一緒にみんなで考えるきっかけをつくろうとする気持ち。

問5　⑤　はじめは錆びたようにしか感じられなかった血の味が、しだいに生きていることを実感させる味へと変化してきた。ここでの「いとおし」さとは、白井の教えを通して、生命のもっているあたたかさにふれた喜びを大切にしたいという気持ちである。

これらから見るに、問題文の趣旨は「秀美」と「奥村」との対立であり(i)、その「奥村」と対比される形で、文字通り「血の通った」人としての「白井」が登場している(ii)のである。

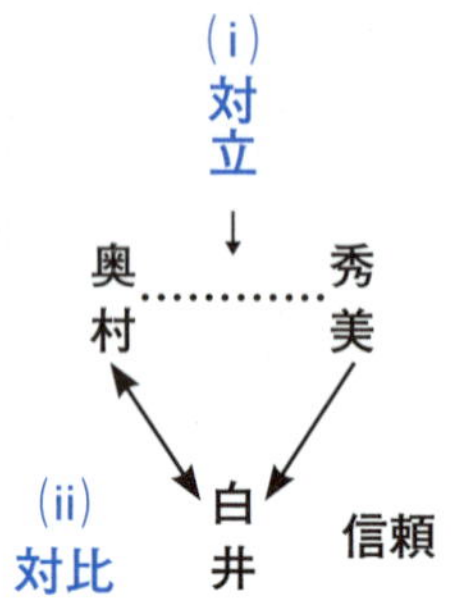

(i) 対立
奥村 …… 秀美
白井
信頼
(ii) 対比

このことを押さえた上で**問６**の選択肢を見てみよう。

全体把握問題を解く　１

問６　本文の特徴を説明したものとして最も適当なものを、次の①～⑤のうちから一つ選べ。

①　教師にうまく対応できる微妙なバランス感覚にすぐれた子供が優越感を抱き、それに従わなければ排斥されるようなクラスの人間関係を、子供本来のあり方から逸脱するものとして批判的にとらえる主人公の心理が描かれている。

②　くだらない教師たちとの出会いを身の不運と考え、教室の中ではそれを甘んじて受け入れようとしながらも、思わず血を沸騰させて、担任の奥村に逆らう主人公の心情が、回想場面をまじえながら描かれている。

③　大人のやり方をまねてクラス内での地位向上をはかろうとする子供たちのずるさを敏感に見抜き、自分自身が成長していくことで、そのような嘘の世界に見切りをつけてやろうと考えている主人公の姿が描かれている。

④　教師の権威に屈服しつつ集団の連帯意識を強めようとする子供たちの世界を、未来のために越えなければならない堤防のようなものと考えていた主人公が、周囲の人々の愛情に支えられて成長へのきっかけをつかむ姿が描かれている。

⑤　教師に貼りつけるラベルの扱い方や、子供たちの連帯意識からはじき出される孤独感には無頓着で、自分自身の信念にもとづいて独自の立場を堅持していこうとする主人公の意思が、具体的なエピソードを通して巧みに描かれている。

これらを、(i)・(ii)二つの観点から見ていけばよい。

まず(i)。ここでは主人公の「秀美」と担任の「奥村」との対立が軸になっているのである。あくまでも主軸は**「生徒（秀美）―教師」の関係**だと捉えれば、「クラスの人間関係」への批判として捉えている①や、「子供たちのずるさを敏感に見抜き」としている③は誤りである。

続いて(ii)。問題文後半に述べられている「白井教頭」のエピソードは、「前の小学校の白井教頭の顔が浮かぶのだ」（ℓ30～31）と述べられているように、あくまでも**「奥村」との対比における回想**である。その点をきちんと踏まえた選択肢は②の「回想場面をまじえながら」。④の「周囲の人々の愛情に支えられて」はこの点で不適切。⑤は、「独自の立場」「具体的なエピソード」という記述がそれぞれ具体性を欠き、また「孤独感には無頓着で」とあるところが問題文中の「たびたび孤独感を味わっていた」とやや矛盾する点で②には劣る。

以上のように、**【3つの戦略】**はほぼそのままで文学的文章にも応用可能なのである。

続く第3章では、オリジナルの練習問題を用意した。**【3つの戦略】**を適宜応用して取り組んでみてほしい。

第3章　模擬試験

模試を解いてアクセスしよう！

受験生を応援！

学習診断

https://service.zkai.co.jp/books/k-test/

論理的文章１

次の文章と図表は、渡邊淳司『情報を生み出す触覚の知性　情報社会をいきるための感覚のリテラシー』の一節である。これを読んで、後の問い（問１〜６）に答えよ。なお、一部表記を改めたところがある。（配点　50）

近年「触覚」という言葉を耳にする機会が多くなりました。しかし、それが意味するところについては、明確なコンセンサスがあるわけではありません。私たちは、皮膚を物体に接触させることで、物体の表面形状や材質、温度を知ることができます。専門的には、この感覚を「皮膚感覚（cutaneous sense）」と呼びます。また、手や足といった身体部位がどこにあるのか、その部位にどのくらいの力が加わっているのか、筋肉や腱の状態についても感じることができますが、これは「自己受容感覚（proprioceptive sense）」と呼びます。そして、皮膚感覚と自己受容感覚を合わせて、身体で感じる感覚一般を「体性感覚（somatic sense）」と呼びます（**表１**）。このような分類の中で、一般的な呼称として、振動の感覚のみ、もしくは皮膚感覚を(ア)セマい意味での「触覚」（英語ではおもにtactile sense）と呼ぶことがありますが、本書では、自己受容感覚や痛みなどの感覚まで合わせた、手の動きや皮膚の接触によって得られる感覚一般を「触覚」（英語ではおもにhaptic sense）とします。

五感の中でも触覚は、視覚（眼）や聴覚（耳）、嗅覚（鼻）、味覚（舌）と異なり、センサーが体中の皮膚に存在し、身体部位によってその感度が大きく異なります。たとえば、数センチメートル離れた二箇所に同時に触れて、それが一点に感じるか二点に感じるかを問い、二点に感じられる限界を調べるテスト（二点弁別課題）を行うと、指先や唇では、二点間の距離が数ミリメートルでも二点に感じられますが、背中では

表１　触覚の専門的な分類

体性感覚	皮膚感覚	圧力、振動、小さな形状、摩擦、温度
	自己受容感覚	位置、力

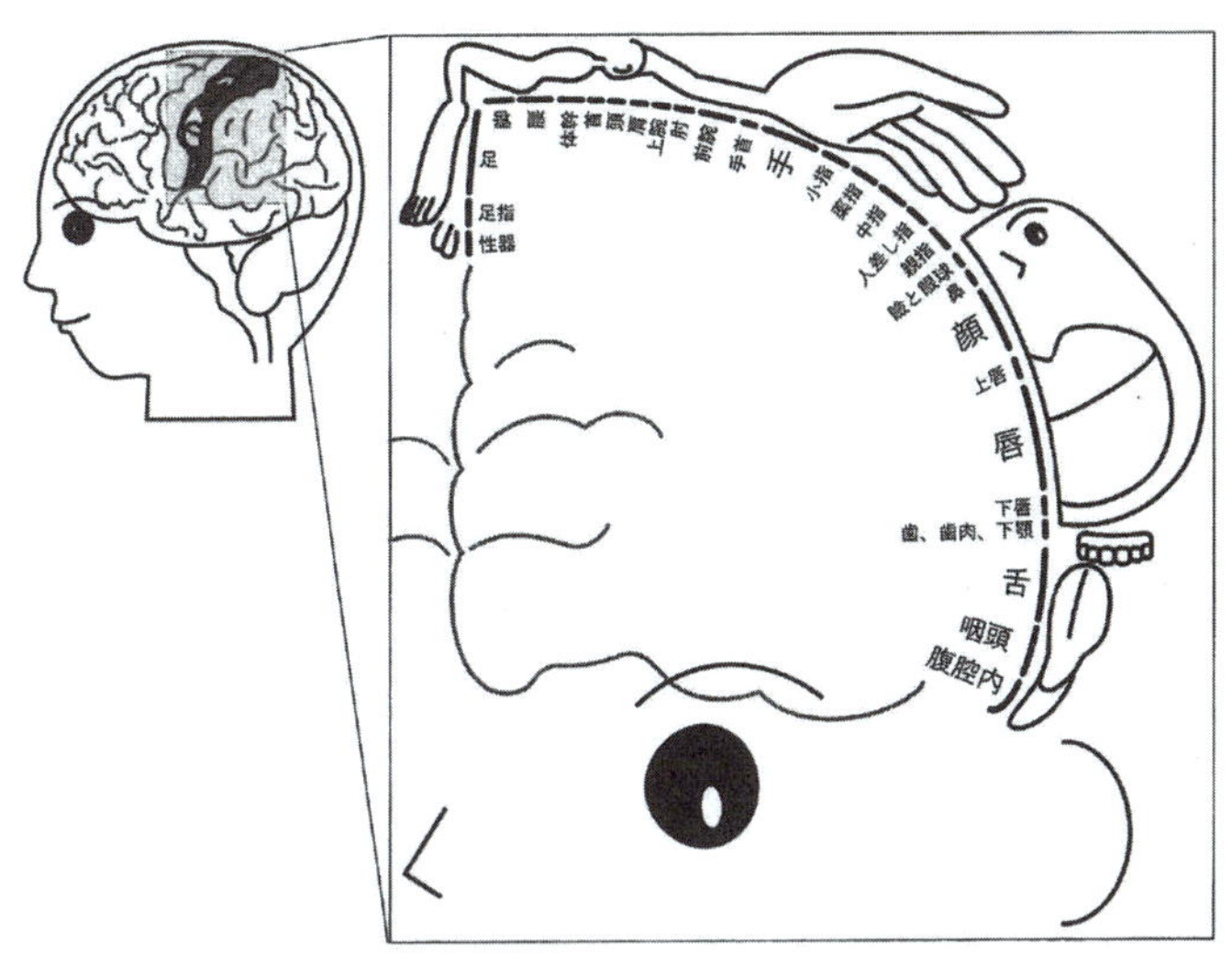

図1　身体部位とその感覚処理を行う脳の体性感覚野での位置の関係を横から見たもの（左）と正面から見たもの（右）　体性感覚野は頭頂から耳の少し前にかけて脳の表面に存在している。

五センチメートル離れていても一点に感じることがあります。

　このとき単純に、二点弁別の感度が高いところは、触覚のセンサー（受容器）が多く、その処理にたくさんの脳細胞が必要になると考えると、二点弁別の感度が高い身体部位ほど脳の中で処理が行われる面積が大きいということになります。実際、脳の中で触覚の処理を行う「体性感覚野」と呼ばれる部位の「感覚の地図」（身体部位とその部位の感覚処理を行う脳の位置の関係をマップしたもの。**図1**）では、感度が高い身体部位ほど大きな面積を占めています。また、このような脳の「感覚の地図」に合わせて再構成された身体像は「感覚のホムンクルス」と呼ばれ、**図2**のように、感度の高い部位

図２　感覚のホムンクルス

である、手の指先や唇が大きな人間の姿をしています。これは、普段私たちが目にしている物理的な世界の触覚（皮膚の面積など）と、脳の中で処理されている感覚の世界の触覚は、大きく異なっているということを示しています。

　私たちの触覚は、皮膚の中にある数種類のセンサーからの信号や、筋肉や腱にあるセンサーからの信号が神経を通して脳に伝えられることで生み出されます。たとえば、**図３**は皮膚の中にある圧力や振動を感じるための受容器を示したものですが、皮膚の表面付近、指紋によって生じる溝の周りには「メルケル細胞」や「マイスナー小体」と呼ばれる受容器が存在しています。さらにもっと内部に入ると、「ルフィニ終末」や「パチニ小体」と呼ばれる受容器があります（発見した科学者の名前にちなんで受容器の名がつけられています）。これらはすべて、異なる皮膚変形に反応する特性をもつ受容器で、これらからの信号をもとに、物体の凹凸や粗さ、摩擦といった感覚が生み出されます。さらに、筋肉や腱にある受容器からの信号が組み合わされることで硬さの感覚が、温度や痛みを感じる神経線維からの信

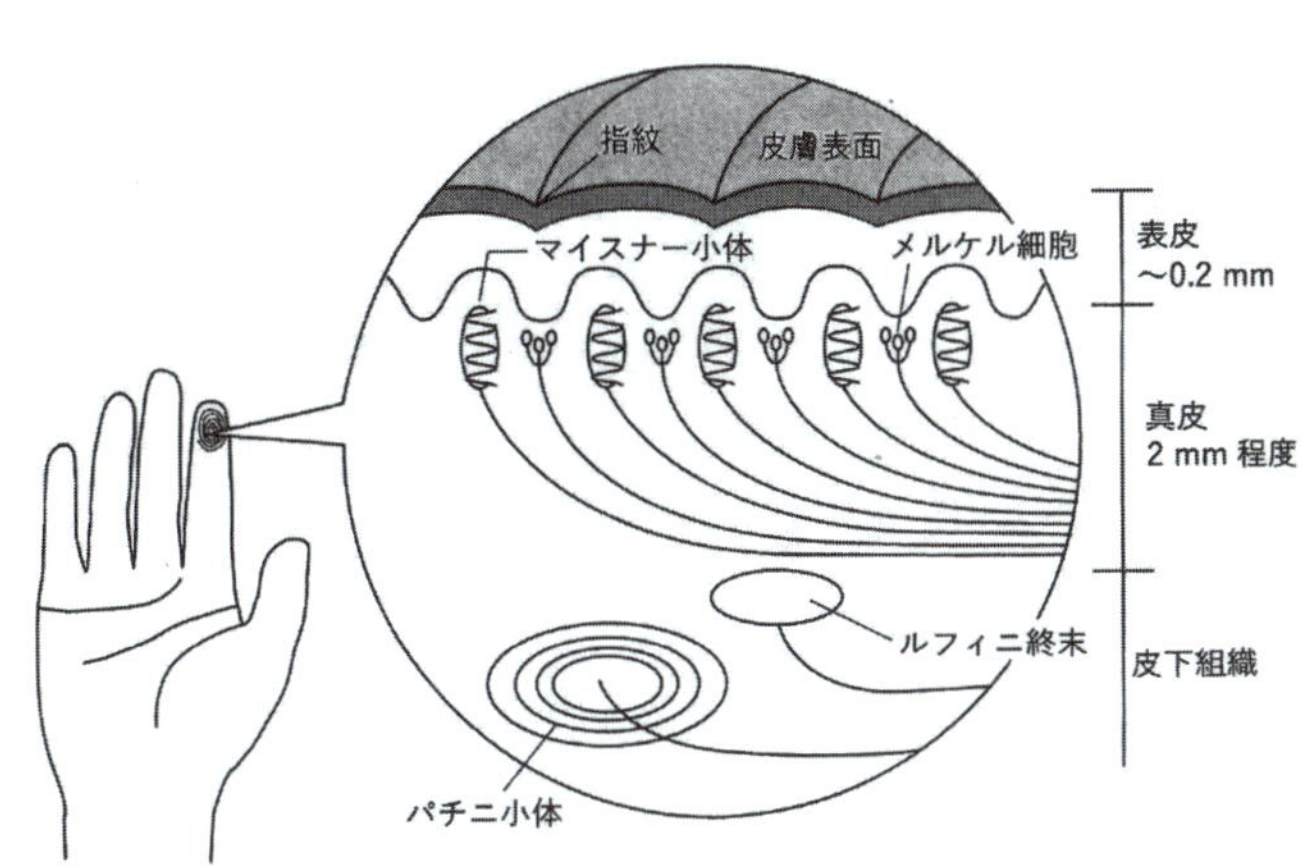

図３　皮膚内部の触覚の感覚受容器　受容器の大きさはデフォルメしている。

号が組み合わされることで温かさや冷たさ、鋭さなど、さまざまな表面テクスチャーの感覚を感じることができます。

また、触覚は環境にある物体の性質を把握するだけでなく、体温の調節や血液の流れといった生存に関連する身体機構や、感情をつかさどる脳部位へつながる神経線維に物理的に作用し、快・不快といった感情に直接的に影響を及ぼします。さらに、誰かの身体に触れる、誰かに身体を触れられるという体験は、触れた対象の性質を知るというだけでなく、触れた側、触れられた側の両方に強い感情の変化を生み出します。このような理由から、近年はプロダクトデザインやインテリアデザイン、ファッションといった分野でも、触覚や触覚的なデザインが注目されるようになりました。

触覚を人工的につくり出す研究も数多く行われています。普段私たちが、(イ)ケイタイ電話の着信などで感じる振動は、ひとつの触覚提示ということができるかもしれませんが、バーチャルリアリティの分野では、実際にはそこには存

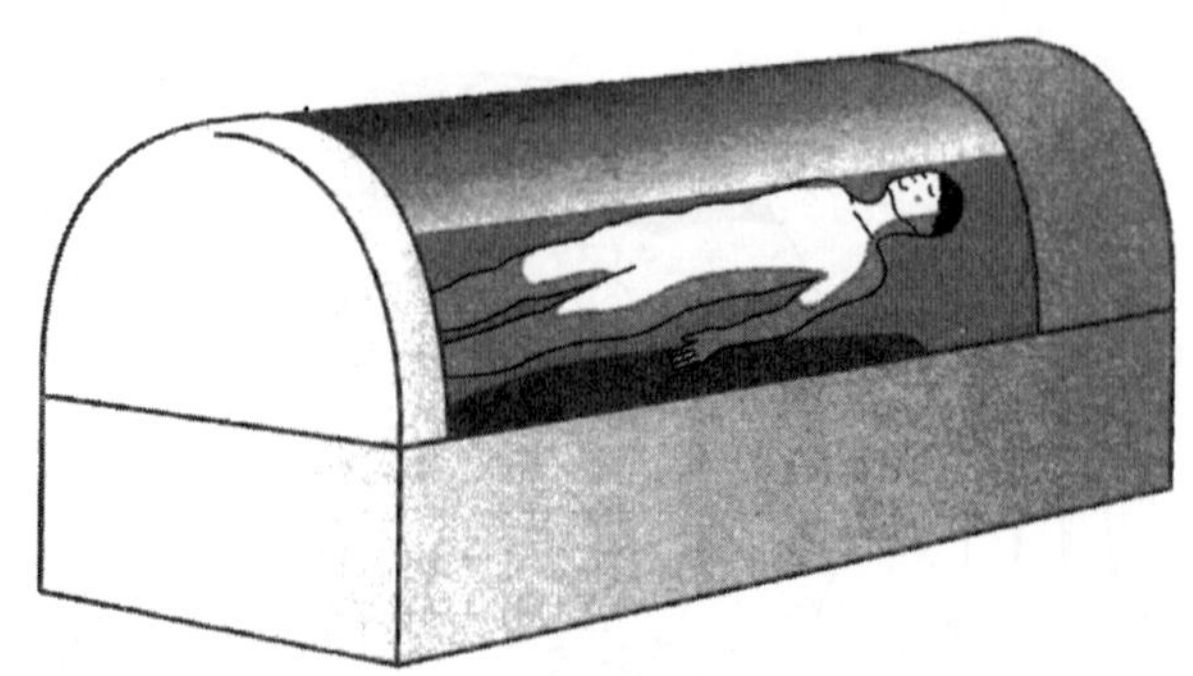

図４　アイソレーション・タンクでの感覚遮断のイメージ

在しないものが、あたかもそこにあるかのような精細な触感をつくり出す研究が行われています。これまでに、粗さや硬さ、形状、摩擦、温度の感覚を提示できる技術が開発されています。また、物に触れた感覚を再現することで（ある程度なら）遠い場所へ触感を伝えたりできるようにもなりました。しかしながら、現在のところ、視覚における液晶ディスプレイやプロジェクタ、聴覚におけるスピーカーやヘッドフォンに対応する、私たちが日常目にするような「標準的」といえる触覚提示装置は存在しません。そして何より、これまでの触覚の研究は、感覚そのものを再現することに重点が置かれ、触覚によって別の何かを指し示すという、記号としての特性について議論されることは、ほとんどありませんでした。

視覚や聴覚が、直接的に身体に影響を与えることが少なく、非接触の対象の認知を目的とするという意味で「非身体的で遠隔の」感覚である一方、触覚は、直接的に身体の状態が変化し、接触によって対象を把握する「身体的で直接の」感覚です。

「身体的で直接の」性質をもつ触覚は、自分の身体の存在や他者との関係を確かめる感覚でもあります。生まれたばかりの乳児は、目や耳が十分に発達していないので、周りのものに直接手で触れ、母親に抱かれることで、物体や他者の存在を確かめているといえます。乳児だけでなく大人も、自分自身の身体に触れることで、自分と自分でないものを区別し、自身の身体イメージをつくり上げています。

触覚が自分の身体の存在を確かめる感覚であるということを、あえてそれを失うことで実感するという試みも行われています。**図4**のような「アイソレーション・タンク」と呼ばれる装置を使うと、自分の身体の境界が消えてしまうような体験を人工的に起こすことができます。タンク内部に人間が浮かぶ程度の比重で体温に近い温度の液体を入れ、その液体に人を浮かべます。タンク内部には流れもないため、浮かんでいる人は皮膚表面の感覚がほとんど感じられなくなります（自分の肌と液体との境目がわからなくなります）。さらに、タンク内を完全な暗闇、無音にすることで、視覚、聴覚、触覚の入力がすべてなくなります。そうすると、数分のうちに自分の身体が消えてなくなるような感覚になるのです。

このような「感覚遮断（sensory deprivation）」と呼ばれる体験は一九五〇年代に考案され、現在も人間の感覚の研究や心理療法で使用されています。そして何より、自分の身体の境界がすべてなくなったときに感じる(ウ)フユウ感や、ある種の開放感は、普段の生活の中で身体感覚や触覚が自分自身の存在を確かめるうえでどれほど重要な感覚であるかを改めて気づかせてくれます。

また、触覚を失うことで生じる「触れたときに触感を感じない、痛みを感じない」という状況は、それ自体が生命活動に致命的な影響を与えます。たとえば、歩くという単純な運動を考えてみても、足を踏み出したときに生じる足裏からの触覚があってはじめて、踏み出しの運動がうまくいったということを確かめることができますし、踏み出しと足裏の感覚のリズムによって(エ)シュウキ的な運動を継続することができます。さらに、痛みを感じないとすると、自身の身体が危険な状況にある、もしくはすでに損傷があることすら察知できません。このように触覚は、生きていくうえで欠くことのできない感覚といえます。

一方で、日常生活における情報認知や言語におけるコミュニケーションを考えてみると、触覚はどちらかというと補助的な役割を担うものと考えられています。文字を読むのは視覚を通してですし、音声を聞くのは聴覚です。触覚に基づく言語記号は、視覚に障がいをもつ方々が使用する点字や指点字といわれる、特別な方式を除いて存在していません。

情報を入力するということでは、実世界の物体を押したり、動かしたりすることで情報操作を行うインタフェースが提案されていますが、現在のところ、触覚が関連する入力インタフェースのほとんどはタッチパネルに留まっています。近年、急速に広まっているタブレット型コンピュータやスマートフォンは、オン・オフのスイッチ操作の代わりに画面接触や身体動作を利用しているにすぎず、色を組み合わせるように触感を組み合わせて情報を伝達したり、声の(オ)ヨクヨウで感情を表すように、触感に変化をつけてコミュニケーションを行うことはできていません。触覚は人間の生存にとって非常に重要でありながら、情報認知やコミュニケーションにおいては、どちらかというと付加的なものとして考えられているのが現状だといえます。

問１　傍線部(ア)〜(オ)に相当する漢字を含むものを、次の各群の①〜⑤のうちから、それぞれ一つずつ選べ。解答番号は 1 〜 5 。

(ア)　セマい　1

① スイキョウな行動をとる
② ダキョウ点を見い出す
③ ヘンキョウな考え方
④ 山奥のキョウコクを訪れる
⑤ 犯行の動機をキョウジュツする

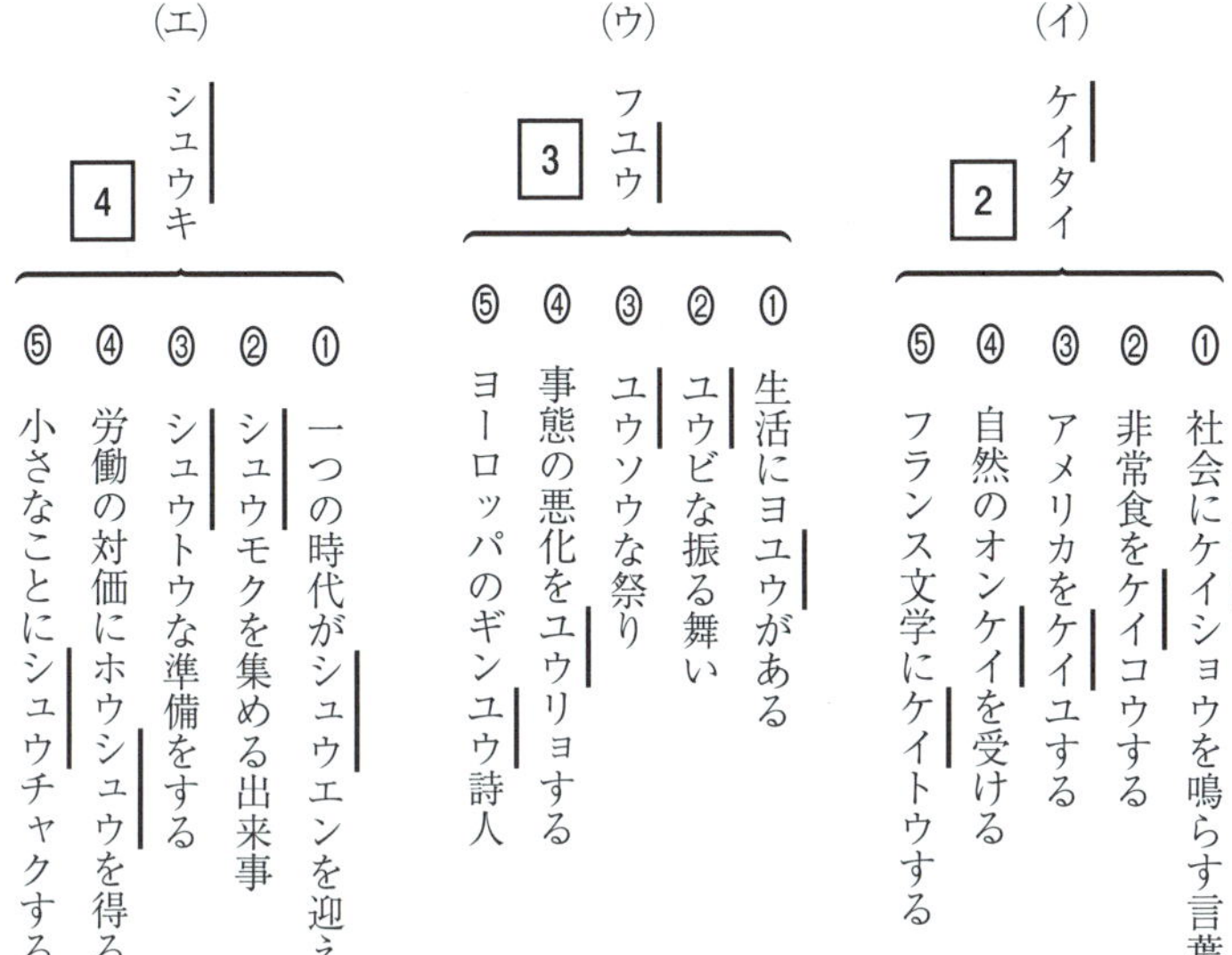

(イ) ケイタイ **2**

① 社会にケイショウを鳴らす言葉
② 非常食をケイコウする
③ アメリカをケイユする
④ 自然のオンケイを受ける
⑤ フランス文学にケイトウする

(ウ) フユウ **3**

① 生活にヨユウがある
② ユウビな振る舞い
③ ユウソウな祭り
④ 事態の悪化をユウリョする
⑤ ヨーロッパのギンユウ詩人

(エ) シュウキ **4**

① 一つの時代がシュウエンを迎える
② シュウモクを集める出来事
③ シュウトウな準備をする
④ 労働の対価にホウシュウを得る
⑤ 小さなことにシュウチャクする

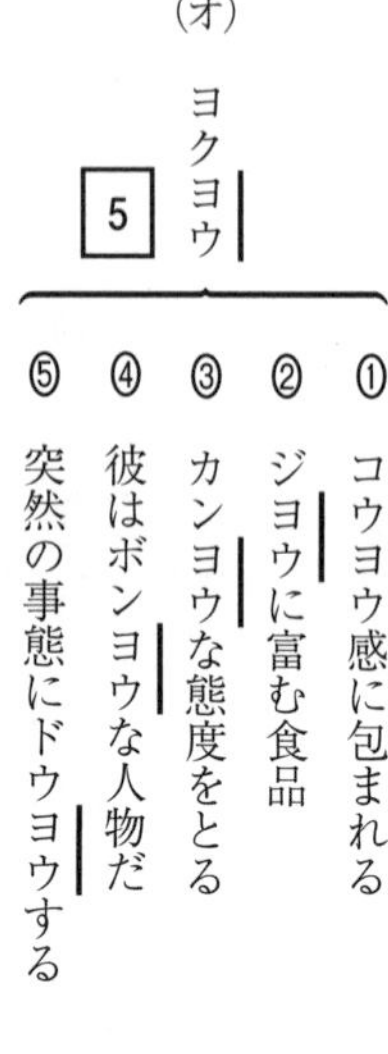

問２　文章全体の内容に照らした場合、**表１**の「体性感覚」はどのように説明できるか。最も適当なものを、次の①〜⑤のうちから一つ選べ。解答番号は 6 。

① 体性感覚は触覚全般を指すものであり、自分の位置や状況を確認する自己受容感覚を基準として対象の状態を認識するための皮膚感覚が機能する。

② 体性感覚は人間の生存に不可欠なものであり、対象を直接的に把握する皮膚感覚と自分の身体の状況や存在を確認する自己受容感覚とを含む。

③ 体性感覚は物体と皮膚との接触や身体の動きにより得られるものであり、対象認知のための皮膚感覚と情報認知のための自己受容感覚からなる。

④ 体性感覚は感覚全般を指すものであり、対象を把握する皮膚感覚と五感を総合して自らの位置や力を把握する自己受容感覚とに大別できる。

⑤ 体性感覚は五感の中でも直接的な感覚であり、皮膚の中にある受容器を通じて得られる皮膚感覚と脳で処理される自己受容感覚とに分けられる。

問3 **図1**・**図2**・**図3**の説明として最も適当なものを、次の①〜⑤のうちから一つ選べ。解答番号は 7 。

① **図1**は、触覚に関する情報を発信する脳の中の部位を各身体部位ごとに示したもので、これを人間の形に再構成して二点弁別の高い身体部位を強調したものが**図2**である。**図3**は、**図1**から発信された信号を受け取る受容器の構造を視覚的に表現したものである。

② **図2**は、物理的な世界の触覚と感覚の世界の触覚との差異を強調して描かれた人間であり、**図3**は、物理的な世界の触覚に関わる皮膚内部の受容器を模したものである。**図1**は、感覚の世界の触覚に関わる脳内の構造を、**図2**を分解して視覚的に表現したものである。

③ **図2**は、感度が高い身体部位を強調して再構成された人間である。**図3**は、皮膚の表面部に近いほうが受容器が多く感度が高いことを示しており、**図1**は、皮膚の接触によって受信された感覚情報が脳のどの部分で処理されているかを視覚的に表現したものである。

④ **図3**の受容器の量は身体部位によって異なり、受信した信号を脳で処理する際の面積は、**図1**のように身体部位によって異なる。**図1**を人間の身体の形状に即して再構成した**図2**は、身体部位による感度の差を視覚的に表現したものである。

⑤ **図3**が示す指先の受容器と脳によって触覚は処理される。**図1**は、各身体部位で受容した触覚を処理する脳の位置を示したものであり、**図2**は、脳で処理する情報量が、指先の受容器で処理される情報量に比べて少ないことを視覚的に表現したものである。

問４　図４のアイソレーション・タンク内部にいる人間の状態の説明として最も適当なものを、次の①～⑤のうちから一つ選べ。解答番号は［8］。

①　日常生活における身体感覚の制約から解かれている状態。
②　自分の存在感が失われて生命の危機を感じている状態。
③　タンクの外部から物理的に隔絶されて孤独を感じている状態。
④　自分の身体がタンク全体に拡充しているように感じている状態。
⑤　身体感覚の喪失を機に自分自身の存在を再確認している状態。

問５　触覚と比較した場合、視覚や聴覚にはどのような特質があるか。本文全体を踏まえた説明として適当なものを、次の①～⑥のうちから**二つ**選べ。ただし、解答の順序は問わない。解答番号は［9］・［10］。

①　日常生活における言語に限定して活用される。
②　遠隔にある対象を、身体の特定の器官を通じて把握する。
③　文字や音声の認知などの役割を広く担う。
④　デザインとして利用される機会が少ない。
⑤　感情に訴えかけるものではなく、情報認知に利用される。
⑥　人工的につくり出すことも、目に見える形で示すことも難しい。

問6　触覚を用いた情報認知やコミュニケーションの課題や限界について議論した場合、文章全体を踏まえて成り立つ意見はどれか。最も適当なものを、次の①〜⑤のうちから一つ選べ。解答番号は［11］。

① 触覚は視覚や聴覚に比べてはるかに複雑な情報を伝達するが、直接的な接触を必要とするという限界がある。情報の認知やコミュニケーションを広範囲に行うためには自分自身と接触していない対象への伝達が不可欠であるため、触覚による情報認知やコミュニケーションを行うためには、遠隔地に触感を伝える研究の進展が望まれる。

② 触覚によって情報を認知しコミュニケーションを行う方法としては、すでに点字や指点字がある。しかし、これらを理解してコミュニケーションを行える者は限られているため、触覚による情報認知やコミュニケーションはあくまでも補助的なものにとどまっている。今後は、触覚によるコミュニケーションの機会を増やすことが求められる。

③ 触覚は触れる側の強い意識が込められるものであり、何らかの伝達機能をもっている。しかし、情報を認知しコミュニケーションを行うには言語記号のように自己と他者が同じ意味を共有できる必要がある。現時点では触覚は特定の意味をもつ記号として十分に機能していないため、情報として伝達したり認知したりすることが難しい。

④ 触覚のセンサーは体中の皮膚にあり、それを脳の中で処理している。触覚は、人工的に再現し遠隔地へも伝達できるようになったものの、記号としての役割を十分に担っているとは言いがたい。触覚の受容の仕組みや脳の構造の解明が行われない限り、触覚による情報認知やコミュニケーションを実現することは困難だという限界がある。

⑤ 触覚や触覚的なデザインが注目されている現在において、触覚による情報認知やコミュニケー

ションが行われる可能性は増している。しかし、触覚に基づく言語記号や情報入力の手段は限られている。この背景には触覚による情報認知やコミュニケーションに対する一般の人々の関心が低いという現状があり、触覚への関心の向上が必要とされる。

論理的文章２

次の文章を読んで、後の問い（問１〜６）に答えよ。（配点　50）

私たちは、たとえば、魚の住むはずのないドブ川に釣糸をずっと垂れて、魚が引っ掛かるのを待ち続けている人を見かけたら、そんなことは無意味だからやめなさいと言ってやりたくなるだろう。また、ある人と喫茶店で待ち合わせしていたのに、その人から急用ができて行けなくなったと連絡が入ったら、自分がそこにいる目的は失われ、これ以上待つことは意味がないと知らされる。さらに、たとえば、ある議題をめぐって議論しているうち、論点の対立が非常に狭い枝葉末節に入り込んでしまったのに、それでも双方が(ア)ユズらずに口角泡を飛ばして議論し続けているような時、そんな議論は無意味だからやめようとだれかが提案する。

このように、人は、ある行動や表現が、他の行動や表現との間の本来あるべき関連性を失ってそれだけとして浮き上がる時、「無意味」とか「無目的」を意識する。ある行動や表現が意味や目的を持つとは、さしあたり、それらが他の行動や表現に従属するような関連を維持しているという以上のことを意味してはいない。しかしその場合、他の行動や表現は、また別の行動や表現に従属する形で関連を持ち、それらは結局、自分自身の生の充足それ自体という究極目的に帰着するような連鎖構造を形作っている。

ところで、これらの行動や表現に意味が感じられるか感じられないかの区別の意識は、それらが比較的短時間、短距離の範囲に枠づけられていて、それ自体としては断片的で瑣末な行動や表現である場合ほど、顕著に、明確に現れやすい。

たとえば、何時何分のバスに乗り遅れまいと思ってバス停に急いでいる時、Aそのバスが自分のかたわらをとおり過ぎてしまえば、急いでいる自分の行動の意味は一挙に失われる。こういう場合の「意味」や「無意味」は非常にくっきりとした輪郭を持ったものとして意識される。バスに乗り遅れるなどということは、長い人生から見ればたいしたことではない（という反省があとからは可能である）にもかかわらず、現にその枠に規定されて行動している自分にとってはほとんど絶対的な目的意識あるいは目的感情を伴っている。

　これに対して、たとえば、二年先の大学合格を目指して受験勉強に励んでいるような場合は、なるほど観念のうえではその行動の目的は明瞭だが、あまりに先のことであるために、しばしばその目的意識あるいは目的感情は、頼りないおぼろげなものになりがちである。自分は本当にこの大学に行きたいのだろうか、大学に行って何をしようとしているのだろうかなどという疑念が頭をもたげてくるのを抑えることができない。

　このことは何を示しているだろうか。もともと意味や目的の意識というのは、生物体としての人間にとって、ごく目先の行動を(イ)スイコウしてゆくプロセスにつきまとう意識だったということをあらわしてはいないだろうか。そのかぎりでは、猿が枝の先にぶら下がるリンゴをほしいと思った時にいろいろな行動を取ろうとして、それらの行動に「意味」を見出しているのとほとんど変わらない。

　B「意味」とか「目的」とか「～のために」という観念は、人が現にとっている行動や表現と、その向かう終局点との間の距離を、何らかの理由で意識せざるをえなくなった時に発生する。バスに乗り遅れまいと懸命に走っている人は、たとえば走りながら疲れを感じて、その走りの過激な様子にふと疑いを抱いてしまった時などに、「自分はいったい何のために走っているのか」ということを意識する。また、めでたく間に合って努力が(ウ)ムクわれたと喜ぶ時などに、「何のために走ったか」が意識され、意識されると同時にこの問いが満たされるのを感じる。このように、意味や目的の意識とは、ある行動や表現の外側に出て、それらをその終局点の見地から対象化し、他の行動や表現に関連づけることである。

　Cだが人間は、自己意識を極端に発達させた動物である。自分の行動や表現にまつわる意識や感情を積み重ねて意識の次元を高次化させ、いわば意識についての意識とか、感情についての意識といったものを獲得してしまった。この場合に即して言い換えると、人間は、「意味」や「目的」の意識それ自体を独立して心の対象として扱うことを覚えてしまった。

さてこうなると、「意味」や「目的」は、自分の身体的、刹那的な行動範囲を超えたあらゆる観念の対象に適用することができる。人は、至る所に「これには何の意味があるのか」「これは何の目的で行われるのか」というような詮索のまなざしを投げるようになる。

実際、人間の想像の能力も記憶の能力も巨大なものとなったし、またそのおかげで未来の行動をあらかじめ構成する能力も、身体の届く範囲を超えて飛躍的に拡張された。「意味」や「目的」の意識の自立は、そのことに見合っていたと言えるだろう。そのかぎりではそれは必ずしも不要な拡大ではなかった。しかし「人生全体」といった包括的な観念に対してまで意味や目的を求めるに至って、Dそこに一つの転倒が起きたのである。そのつどの行動や表現をそのつどの意味や目的によってつなぎ合わせた連鎖のタイ(エ)ケイであるはずの「人生全体」の観念に、人は意味や目的の観念を適用しようとしてしまったのだ。

意味とか目的の意識とかは、本来、そのつどの行動や表現を支える機能を持っていただけであって、「人生」とか「生きる」とかのあまりに抽象的で大きなシャ(オ)テイを持った観念に適用するには向かないのである。また、意味や目的の意識とは、行動や表現をその終局点の見地から対象化することであると見なすなら、一方で人生の終局点が死であることを人間は知ってしまっているのであるから、人生全体の意味や目的は死に他ならないということになりかねない。

このように、人生の個々の断面や場面の意味や目的は、人生の内部にだけあってその外に出ることができない。したがって人生全体をその外側の何かに関連づけうるような、そういう他の「何か」などは存在することができない。

だから人生そのものに「意味」や「目的」などを求めるのはもともと無理なのであり、要するに人生には「意味」も「目的」もありはしないのである。人生に初めから何か意味や目的があると考えることは人間に特有の、そしてその本性にいかにも見合った錯覚である。この事実は論理的には絶対に否定できない。

（小浜逸郎『なぜ人を殺してはいけないのか』による）

問１　傍線部(ア)～(オ)の漢字と同じ漢字を含むものを、次の各群の①～⑤のうちから、それぞれ一つずつ選べ。解答番号は［１］～［５］。

(ア)　ユズらず　［１］

①　権限の一部をイジョウする
②　市民のジョウザイを集める
③　ジョウゾウ用のアルコール
④　人員のヨジョウが生じる
⑤　農業に適したドジョウ

(イ)　スイコウ　［２］

①　スイチョクに交わる
②　さまざまなジャスイをされる
③　視力がスイジャクする
④　スイマに襲われる
⑤　任務をカンスイする

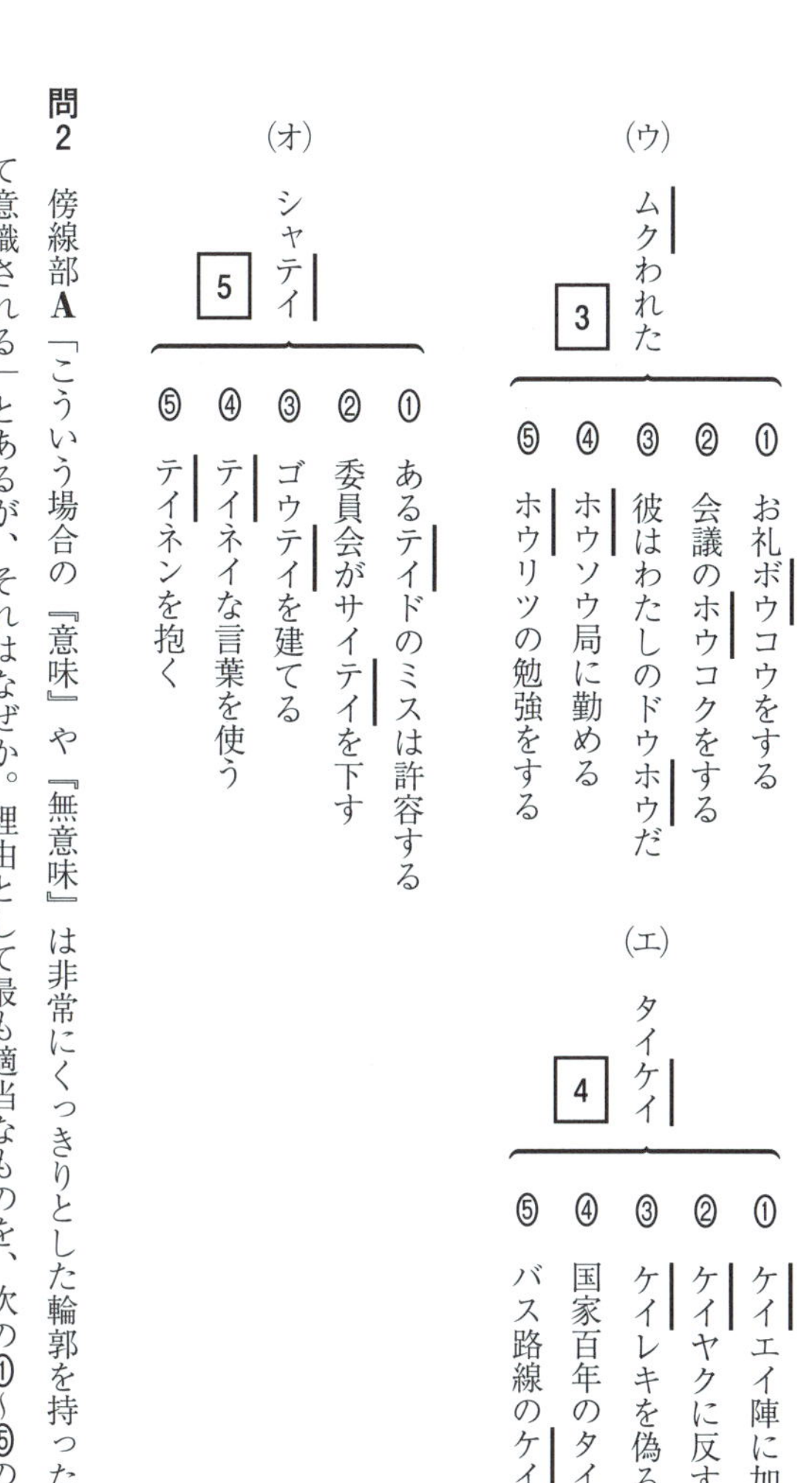

（ウ）ムクわれた 3
① お礼ボウコウをする
② 会議のホウコクをする
③ 彼はわたしのドウホウだ
④ ホウソウ局に勤める
⑤ ホウリツの勉強をする

（エ）タイケイ 4
① ケイエイ陣に加わる
② ケイヤクに反する
③ ケイレキを偽る
④ 国家百年のタイケイ
⑤ バス路線のケイトウ図

（オ）シャテイ 5
① あるテイドのミスは許容する
② 委員会がサイテイを下す
③ ゴウテイを建てる
④ テイネイな言葉を使う
⑤ テイネンを抱く

問２ 傍線部**A**「こういう場合の『意味』や『無意味』は非常にくっきりとした輪郭を持ったものとして意識される」とあるが、それはなぜか。理由として最も適当なものを、次の①～⑤のうちから一つ選べ。解答番号は 6 。

① ある行動や表現についての意味の意識は、観念のうえで目的を明瞭に意識しているだけでは頼りないものになりがちだから。

② ある行動や表現の意味は、短時間・短距離の範囲に枠づけられている断片的で小さいことほど顕著に現れやすいものだから。

③ ある行動や表現の意味は、それが従属する他の行動や表現との関連を失ってしまえば同時に失わ

れてしまうものであるから。

④ ある行動や表現は、急いでいると他の行動や表現との間の本来あるべき関連性を失ってそれだけとして浮き上がりやすいから。

⑤ ある行動や表現を枠づけているものは、現にその枠に規定されて行動している人にとっては絶対的なものとして意識されるから。

問3 傍線部**B**「『意味』とか『目的』とか『〜のために』という観念は、人が現にとっている行動や表現と、その向かう終局点との間の距離を、何らかの理由で意識せざるをえなくなったときに発生する」とあるが、どういうことか。説明として最も適当なものを、次の①〜⑤のうちから一つ選べ。解答番号は 7 。

① 意味や目的の意識とは、その人が現にとっている行動や表現を、外側の視点から対象化したときに生まれるものであるということ。

② 意味や目的の意識とは、その人自身の身体的、利那的な行動範囲を超えたあらゆる観念の対象に適用することができるということ。

③ 意味や目的の意識とは、人間の自己意識の発達に伴い、現にとっている行動をより高次な意識で捉えることで生まれたものだということ。

④ 意味や目的の意識とは、本来、そのつどの行動や表現を支えるものであり、抽象的で大きな観念に適用するには向かないということ。

⑤ 意味や目的の意識とは、もともとは生物体としての人間にとって、ごく目先の行動につきまとうものでしかなかったということ。

問４　傍線部**Ｃ**「だが人間は、自己意識を極端に発達させた動物である」とあるが、そのように言えるのはなぜか。理由として最も適当なものを、次の①～⑤のうちから一つ選べ。解答番号は 8 。

①　人間が「意味」や「目的」をあらゆる観念の対象に適用することができるようになったから。
②　人間が現にとっている行動や表現の外側に出ることによって、その意識がより深まったから。
③　人間が自分にまつわる意識を高次化させることで、意識自体を意識の対象にするようになったから。
④　人間の想像の能力や記憶の能力が巨大になり、意識を拡げることができるようになったから。
⑤　人間は人生の終局点が死であることを知り、そこから行動や表現を対象化できるようになったから。

問５　傍線部**Ｄ**「そこに一つの転倒が起きたのである」とあるが、どのような「転倒」が起きたというのか。説明として最も適当なものを、次の①～⑤のうちから一つ選べ。解答番号は 9 。

①　本来はある行動や表現の外側に出ることによって対象化する意味合いを持つ「意味」や「目的」の意識が、その内側だけのせまいものになってしまったこと。
②　本来は自分の身体的、刹那的な行動範囲を超えたあらゆる対象に適用できる「意味」や「目的」が、そのつどの行動や表現に規定されるようになってしまったこと。
③　本来は人生の個々の断面や場面に即して意識されてきた「意味」や「目的」が見失われ、人生には「意味」も「目的」もないと思われるようになってしまったこと。
④　本来はそのつどの行動や表現に即して「意味」や「目的」があるはずなのに、人生全般に関して「意味」や「目的」を意識化するようになってしまったこと。

⑤　本来はそのつどの行動や表現を支える機能を持っていただけの「意味」や「目的」の意識が、逆に「死」という終局点の見地から対象化されるようになったこと。

問６　本文に述べられている筆者の主張に合致する考えを、次の①～⑥のうちから二つ選べ。順序は問わない。解答番号は **10** ・ **11** 。

①　「意味」や「目的」の意識というのは人生における個々の場面に即して意識されるものであり、したがって人生全般を対象にしてその「意味」や「目的」を求めることは無理である。

②　人生全体の「意味」や「目的」を意識するために、人生全体をその外側の何かに関連づけうるような他の「何か」をわれわれ各々は求めていく努力をしなければならない。

③　人生の「意味」や「目的」がどこにあるのかということは、逆に「無意味」や「無目的」を意識する場面のあり方を考えてみることによって明確なものとして捉えることができる。

④　何時何分のバスに乗り遅れまいとしてバス停に急ぐような瑣末な場合にはその「意味」や「目的」は強く意識されるが、それは本来の「意味」や「目的」とは言いがたいものである。

⑤　人間が「無意味」や「無目的」を意識するのは、その人が現にとっている行動や表現が、所詮は他の行動や表現に従属しているものでしかないことを痛感させられるときである。

⑥　人間とは自己意識を発達させた動物であり、したがってそのつどの行動や表現にまつわる「意味」や「目的」の意識を高次化させて人生全体に当てはめられるかのような錯覚に陥った。

論理的文章３

次の文章を読んで、後の問い（問１〜６）に答えよ。（配点　50）

文化というと、一般には、クラシック音楽や絵画、彫刻といった、いわゆるハイカルチャーや、カルチャー・スクールで学ぶような趣味の世界を想像しがちであるが、社会学や人類学では、文化をもっと幅広く、衣食住を含む人間の生活全般に関わる(ア)ガイネンとして取り扱っている。例えば衣服を取ってみても、有名なデザイナーの手による芸術的な作品や、伝統的な民俗衣装のような、美術館や博物館で展示される衣服のみが「文化」を表すのではない。われわれの日常的な何気ないファッションや、仕事のためのスーツ、デート用の「勝負服」もすべて、文化の一要素である。というよりむしろ、誰にとっても身近なそのような普通のファッションこそ、今日のわれわれの社会を鮮明に映し出す代表的な文化なのだと考えることもできよう。

われわれは衣服を買うとき、何を考慮するだろうか。衣服のデザインや素材、色柄が、仕事着あるいはデート用など、それを着用する目的や場所にふさわしいか、それが自分のイメージに合い、よく似合っているか、予算内で収まるか。それから、流行に沿っているかどうかも、重要である。どこに重点を置くかはともかく、おおよそ、そういったことだろう。このような、ごく当然とも思われるような、われわれのファッションに対する感じ方や態度を一度、立ち止まって点検し、その意味を考えてみること、それが「文化と出会う」一つの社会学的方法である。

まず、お洒落な人はもちろんだが、そうでない人も、流行に全く無関心ではいられない。流行の衣服は人を軽やかな気分にさせるものだし、大勢の中で自分一人が流行遅れだと、何か居心地の悪い思いをしなければならない。流行のこの不思議な力について、ドイツの社会学者G・ジンメル(注１)は、流行がその「移ろいやすさ」において「過去と現在の分水界」に立ち、したがって「強烈な現在の感情」を人に

模擬試験
論理的文章３

与えることを指摘した。そしてさらに、流行には、他の人々と同じでありたいという普遍化、同一化への欲求と、そこから逸脱して独自のものを求めようとする個別化、差異化への欲求という、人間の二つの基本的傾向を一つの行為の中で合流させる性質があると論じている（G・ジンメル／円子修平訳『ジンメル著作集7　文化の哲学』白水社、一九七六年）。たしかに流行は（イ）フハクであるが、A実はそれゆえに、人と社会の関係の本質的な部分に深く関わってもいるのである。

　また、われわれが衣服を選ぶとき、それを着用する目的や場所を考慮するのは、衣服にはすべて、記号体系としての側面があることによる。[注2]P・G・ボガトゥイリョフは、言語学をモデルにしてモラヴィア＝スロヴァキア地方の民俗衣装を分析し、衣服がそれを着用する人の民族や住む地域、宗教、年齢、既婚・未婚の区別、社会的地位、財産の有無、さらにはそれを着用した日が祝日か平日かまでも分節化する記号であることを詳細に示した（P・G・ボガトゥイリョフ／松枝到・中沢新一訳『衣装のフォークロア』せりか書房、一九八九年）。

　今日のわれわれのファッションにはそれほど厳密な区別はないにせよ、Bファッションがさまざまな意味を付与された記号であり、その分節化のありようが当該社会の特性を顕著に示すものである、ということに変わりはない。例えば、わが国では明治以来、男性の洋装化のスピードと女性のそれとのあいだには大きな格差があったが、それは近代化＝西洋化が男性中心のものであったことを表しているし、昨今、街で女性のテーラード・スーツ姿が多く見かけられるようになったのは、もちろん女性の社会進出と深く関連している。就職活動をする学生が会社訪問のため、慣れないリクルート・スーツに身を包むのも、それが企業に社会人としての覚悟を示し、有能な人材であることをアピールする記号として社会的に認知されているからである。

　ファッションの記号性の中でも、現代のわれわれのファッションの最大の特徴は、それが着る人の「個性」を表すと考えられていることであろう。大量生産され、大勢の人が着ているに違いないマス・

C ファッションの一着を、われわれはなぜか、「自分らしい」「個性」を表す衣服だと感じて、選択する。そこには、高度に情報化された今日の消費社会のからくりが隠されている。われわれの社会では「個性的」であることが重視され、誰もが「自分らしい」生き方をすべきだと考えられているが、このような価値観を衣服と結びつけることに成功したのがファッション産業である。今日、ファッションは、テレビや雑誌をはじめとするあらゆるメディアを通して、例えば保守的で上品なB・C・B・G（Bon Chic Bon Genre）や自然志向のアウトドア・スタイルなど、さまざまなイメージやライフ・スタイルと結びつけられ、「個性」や「スタイル」を象徴するものとなっている。メディアを判断や行動の基準としているわれわれ現代人は、「自分らしさ」を示すにも、メディアの描くスタイルの文法に従わざるを得ず、つまりはマス・ファッションの中から、あるイメージを表すとされる衣服を選ぶよう、(ウ)スイロづけられてしまう。

ファッションによる「個性」表出（＝差異化）の欲求の中には、しばしば上昇志向が織り込まれる。S・ユーウェン[注3]が論じたように、現実には階級や富や権力などに大きな格差があるとしても、ファッションを通じてわれわれは、誰もが「好みのままに誰かになる象徴能力」を手に入れることができる（S・ユーウェン／平野秀秋・中江桂子訳『浪費の政治学』晶文社、一九九〇年）。ハイソサエティのイメージをアピールする高級ブランド品を身につけることで、人は自分がそのブランドにふさわしい人間になったような気分にもなれる。この「デモクラシーの魔力」は、われわれをとらえて放さない。

商品を差異のシステムの中に置き、人々を差異化や上昇の欲望に駆り立てて、次々と新しい消費を促すのが今日の大量消費社会のメカニズムであるが、そのようなシステムの形成に大きな役割を果たしたのが、アメリカの自動車産業であったことはよく知られている。ヘンリー・フォード[注4]は、一九〇八年、安価で(エ)ケンロウなT型フォードを開発し、それまで大衆には手の届かなかった自動車をアメリカ中に普及させて大成功を収めた。しかし、単一モデル大量生産の合理性を信じて同じ型の車を作り続けた彼の信念は、二〇年ほどして、その対極の観点に立ったGM[注5]の新戦略に敗北する。GMは、ランクの異なるいくつかのモデルを開発し、「シボレー[注6]を持っている人たちが、いずれはビュイックに乗れるな、と思い、ビュイックの持ち主はいずれキャデラック級に乗れるな、と思わせるようにする」という「消費の梯子」[注7]（D・J・ブーアスティン／後藤和彦訳『過剰化社会―豊かさへの不満』東京創元社、一九八〇年）をかけ、さらに各品種ごとにモデルチェンジを繰り返す年次モデル方式を採用して、より上の、より新しいモデルへの欲望を作り出した。そのGMのアルフレッド・スローンが、次のようにいっている。「パリのドレスメーカーの『法則』が、自動車産業においても重要な要因になってきた……これを無視する会社に呪いあれ」。つまり、ファッションは大量消費社会の申し子であると同時に、それを先導するモデルでもあったのだ。

社会学や人類学のいう(オ)コウギの文化は、われわれの生活や行為に意味を与え、また暗黙のうちに生活や行為を方向づける働きをもっている。しかし、**D**その文化の中で生きていると、そういう文化の作用をはっきりと認識することは必ずしも容易ではない。ファッションという文化について考えてきて、われわれは結局、知らず知らずのうちにそれにとらわれ、それに巻き込まれている自分自身の姿を見出したようだ。「文化と出会う」とは、日ごろ当然のこととしている自分の行動や態度、考え方や感じ方を見直し、日常生活を支えている複雑な「意味の網の目」の中に紛れ込んだ自分自身の位置を確認する作業である、ともいえるのではないだろうか。

（河原和枝「文化と出会う…ファッション・文化・社会」による）

（注）１　G・ジンメル――ドイツの社会学者・哲学者（一八五八〜一九一八）。

２　P・G・ボガトゥイリョフ――ロシア（旧ソ連）の民衆演劇論者（一八九三〜一九七〇）。

３　S・ユーウェン――アメリカの社会学者（一九四五〜　）。

4　ヘンリー・フォード――アメリカの実業家（一八六三～一九四七）。自動車メーカー「フォード」の創始者。

5　ＧＭ――ゼネラル・モータース。アメリカの自動車メーカーの一つ。

6　シボレー、ビュイック、キャデラック――いずれもＧＭ製の自動車の商品名。

7　Ｄ・Ｊ・ブーアスティン――アメリカの歴史学者（一九一四～二〇〇四）。

問１　傍線部(ア)～(オ)の漢字と同じ漢字を含むものを、次の各群の①～⑤のうちから、それぞれ一つずつ選べ。解答番号は 1 ～ 5 。

(ア)　ガイネン　1
① ガイゼン性を否定できない
② 計画のガイリャクを発表する
③ 昇任の基準にガイトウする
④ ダンガイ裁判にかけられる
⑤ 深いカンガイに浸る

(イ)　フハク　2
① あの先生はとてもハクシキだ
② 彼女には意志ハクジャクなところがある
③ キャリアにハクがつく
④ ハクライの高級腕時計
⑤ ハクシンの演技をする

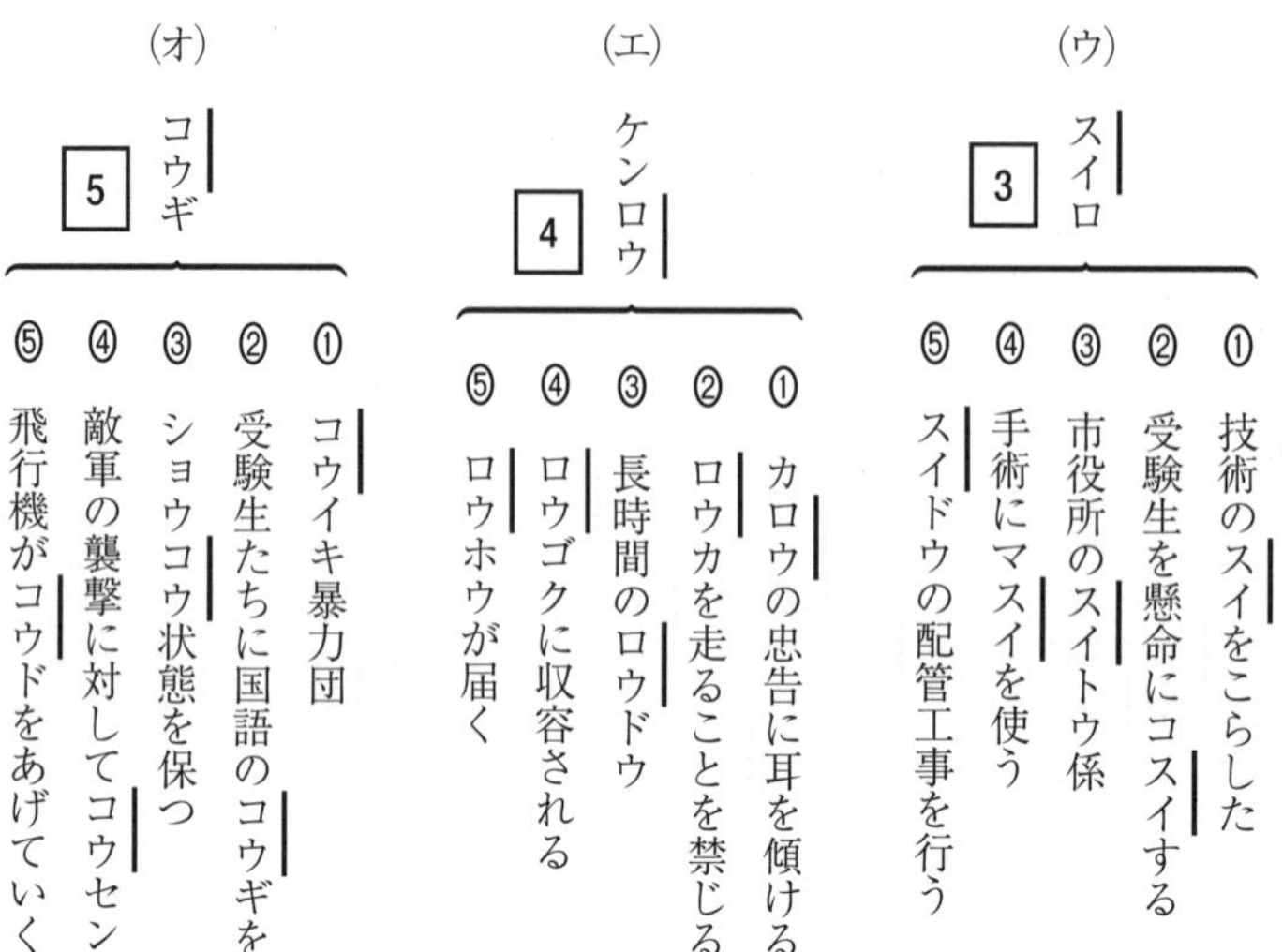

(ウ) スイロ　3

① 技術のスイをこらした
② 受験生を懸命にコスイする
③ 市役所のスイトウ係
④ 手術にマスイを使う
⑤ スイドウの配管工事を行う

(エ) ケンロウ　4

① カロウの忠告に耳を傾ける
② ロウカを走ることを禁じる
③ 長時間のロウドウ
④ ロウゴクに収容される
⑤ ロウホウが届く

(オ) コウギ　5

① コウイキ暴力団
② 受験生たちに国語のコウギをする
③ ショウコウ状態を保つ
④ 敵軍の襲撃に対してコウセンする
⑤ 飛行機がコウドをあげていく

問２ 傍線部**Ａ**「実はそれゆえに、人と社会の関係の本質的な部分に深く関わってもいるのである」とあるが、それはどういうことか。説明として最も適当なものを、次の①〜⑤のうちから一つ選べ。解答番号は **6** 。

① 流行とは、一時的に大勢の人に広まるが、同時に移ろいやすいものである。こうした性質が、人々が他の人々との関係において同じでありたいという欲求と、自分独自のものを求めたいという欲求とに対応するものであるということ。

② 流行とは、その「移ろいやすさ」において「過去と現在の分水界」に立っている。このために人々は、「強烈な現在の感情」すなわち他の人々から逸脱して独自のものを求めようとする個別化・差異化の欲求をかきたてられるということ。

③ 流行に対しては、おしゃれな人に限らずだれもがまったく無関心ではいられない。それゆえに、そのときどきの社会に対して人々がどのような感じ方や態度をとっているかが、ファッションのあり方にリアルにあらわれてくるということ。

④ 流行の衣服を着るか否かによって、人々は軽やかな気分にも、居心地の悪い思いにもなる。こうしたことから、そのときどきの社会における流行は、その社会における人間関係の基本的な部分を形づくっていると捉えられるということ。

⑤ 流行の衣服を着るときに、われわれのファッションに対する感じ方や態度は問い直されることになる。流行の持つこうした性質は、人々が属している社会そのものが「移ろいやすさ」を本質としていることにつながっているということ。

問3　傍線部**B**「ファッションがさまざまな意味を付与された記号であり、その分節化のありようが当該社会の特性を顕著に示すものである」とあるが、具体的にはどういうことか。説明として最も適当なものを、次の①～⑤のうちから一つ選べ。解答番号は **7** 。

① ある人がどのような服装を選ぶかという選択のあり方が、その人の属する社会の中における位置づけを決定するということ。

② 現代のファッションは、目的や場所などの実態から離れた単なる記号と化しており、それが現代社会の特性であるということ。

③ 服装はその人の社会的な属性を示すものであるが、その属性の区分の仕方は社会ごとに異なった独自のものであるということ。

④ 明治以来のわが国で男性を中心に洋装化が進んだのは、洋装が当時の日本の近代化＝西洋化の象徴だったからであるということ。

⑤ われわれが衣服を選ぶときに「個性的」なものを重視するが、そうした価値観は社会に規定されるものであるということ。

問4　傍線部**C**「そこには、高度に情報化された今日の消費社会のからくりが隠されている」とあるが、どこに、どのような「からくりが隠されている」のか。説明として最も適当なものを、次の①～⑤のうちから一つ選べ。解答番号は **8** 。

① 現代の記号化されたファッションの状況下において、「個性的」な一着を選択するという行為は、その選択をした人の社会的な属性を否が応でも決定づけるはたらきを持っているということ。

② 現代のファッションの記号性において、それが着る人の「個性」を表すと考えられていることの背景には、「デモクラシーの魔力」に根ざす人々の上昇志向が巧みに織り込まれているということ。
③ 現代のマス・ファッションの一着をわれわれが「自分らしい」ものとして選ぶという行為は、現実には階級や富や権力に大きな格差があるにもかかわらず、誰にとっても可能だと思われていること。
④ 現代のわれわれが「自分らしい」衣服を選択する際に、その判断の基準がメディアであるために、結局はメディアのしつらえたマス・ファッションの中でしか選択ができなくなってしまっていること。
⑤ 現代のわれわれのファッションにおいては、「個性的」かつ「自分らしい」生き方が重視されているが、そのような価値観はファッション産業によってメディアを通じて広められたものであるということ。

問５ 傍線部**Ｄ**「その文化の中で生きていると、そういう文化の作用をはっきりと認識することは必ずしも容易ではない」とあるが、それはなぜか。理由として最も適当なものを、次の①〜⑤のうちから一つ選べ。解答番号は **9** 。

① 社会学や人類学のいうところの「文化」とは、われわれの生活や行為に意味を与え、また暗黙のうちに生活や行為を方向づける働きをもっているものだから。
② 商品が差異のシステムの中に置かれている今日の大量消費社会においては、人々は「消費の梯子」を昇っていく欲望をたえず駆り立てられているから。
③ 特定の文化の中に属していると、知らず知らずのうちにそれにとらわれ、そのありようが当然の

こととして認識されてしまうために、意味の検討がしにくいから。

④　ファッションは大量消費社会の申し子であると同時に、それを先導するモデルでもあったため、われわれは結局、知らず知らずのうちにそれに巻き込まれていたから。

⑤　「文化と出会う」ということは、日ごろ当然のこととしている自分の行動や態度、考え方や感じ方を見直し、自分自身の位置を確認する作業であるから。

問６　本文に述べられている筆者の主張に合致する考えを、次の①～⑥のうちから二つ選べ。順序は問わない。解答番号は［10］・［11］。

①　かつてＰ・Ｇ・ボガトゥイリョフは衣服がそれを着用した人のありようを分節化する記号であることを指摘したが、今日においてはそうした性質は消えてしまっている。

②　現実には階級や富や権力などに大きな格差があるが、現代のわれわれはファッションを通じて誰でも自由に着る人の「個性」を表すことが可能になっている。

③　今日の消費社会には高度に情報化されたからくりが隠されているが、それはファッションの記号性によって生じた価値観を基本としたものである。

④　商品を差異のシステムの中に置き、人々を差異化や上昇の欲望に駆り立てる大量消費社会のメカニズムは、アメリカの自動車産業から生まれたものである。

⑤　流行は、その「移ろいやすさ」ゆえに人々に「強烈な現在の感情」を与え、人間が社会へ同一化する欲求と、その逆の個性化の欲求との二つを合流させる性質を持つ。

⑥　われわれの日常の衣食住をも「文化」として捉え、その中でわれわれが当然のこととしている自分のありようを見直すことが「文化と出会う」ことである。

文学的文章１

次の文章は、堀田あけみの小説『golden drop』の一節である。同じ高等学校で仲良しだった六人の女性たちが、都織子（とおこ）の呼びかけによって同窓会を開き、七年ぶりに再会した。本文は、そのうちの一人である千映（ちえ）が、他の人たちと語らう中で自分自身を振り返っている場面である。これを読んで、後の問い（問１〜６）に答えよ。（配点　50）

都織子の目を見ることが、だんだん難しくなって来た。怖い。他の四人の目は、かなり簡単に誤魔化（ごまか）せるのではないかと思っている。しかし、都織子は無理かもしれない。

彼女の仕事など、口で言う程、大層なものではないことを、見抜いてしまうかもしれない。

映画評論家、という肩書きを初めて使ったのはいつだっただろう。

始まりは、タウン誌の映画情報だった。もともと、文章を書いて生きて行くのが夢だった。だからと言って、同人誌を作って『〆切りが』『修羅場が』と苦しみを訴える割には嬉しそうに言う友人達のように、小説を書く気にはならなかった。作り事は甘過ぎて、自分にはそぐわないという気がした。とにかく、自分がなりたいものになる為に、何かをしようと思った。それに、早過ぎるということは無い、とも。だから、東京の大学に進んだ瞬間から、その手のアルバイトを探し始めた。おきまりのファーストフードチェーンも、割のいい家庭教師も、彼女の眼中には無かった。彼女は目的がある限り、とにかく動き回る。歩きながら考える。考えた末、大きな書店で片っ端から雑誌を読み、アルバイト募集の記事を探した。案外多く見つかった。そのうち、できそうなもの、つまり怪し気でないものが載っているのを五冊買って帰った。Aそれが、彼女の将来への投資だった。二千七十円。

一番行きたいと思ったのが、タウン情報誌。そこに電話した。「やる気はあるの」「遊びじゃないよ」「本気じゃないと続かないよ」しつこく念を押されて、面接の日時が決まった。それらの念が押される度に、彼女は嬉しくなったものだ。彼女自身は、この上無く本気だ。将来がかかっている。だから、採用に決まっている。どのような条件があっても。厳しければ厳しい程、周囲から、苛々の素にしかならない無能な人間が消えるのなら、好都合でさえあった。

専ら葉書の整理とコピーをしていたら、読者からのお便りコーナーを任された。「そろそろ夏も終わりですね。編集部にも、夏の思い出を綴ったお便りが一杯です。」そんな、つまらない一文さえ、自分の書いたものが活字になるのは嬉しかった。このときは、彼女は、「想い出」という字をあてたかったのに、こんなところに強過ぎる思い入れを見せても、読者は迷惑なだけだと編集長に言われたけれど。スタッフ欄に小さく書かれた自分の名前にもときめいた。一年後には映画のストーリー紹介、その半年後にはビデオ評。彼女の仕事は、確実にステップアップした。もっともっと大きな仕事が欲しかったから、その為には、どんな小さな仕事もしっかりすることだと思っていた。

それと同時に、人脈を広げることも忘れなかった。割り当てられた仕事が終わったら、必ず周囲に、「何かお手伝いすることはありませんか」と訊いた。できるだけ遅くまで編集室にいる。結果として、食事に連れて行ってもらう、飲みに連れて行ってもらう。そういうときにじっくり聞かせてもらう話を、彼女は大切にした。そういった先で出会う人は、もっと大切にした。初対面の相手に良い印象を与えそうな笑い方も話し方も研究した。

インタビューを受ける側に回って、**B**彼女はいつも自分を「ラッキーだった」と表現している。周囲から、あれやってみない、これやってみない、千映ちゃんだったらこれもできるよ、と言って与えられた仕事で、ここまで来たのだから。その一言に、「でも、本人の努力もあったわけでしょ」と返してくれないインタビュアーを、彼女は信用しない。ラッキーなだけで上がって来る奴はいない、という真実を見極められない人間は軽蔑するし、「努力なんて当然のこと」と駄目押しさせてくれない訊き手は嫌いだ。

努力は、彼女に様々な仕事を持って来てくれた。彼女は自然にフリーのライターという位置に落ち着いた。就職活動に(ア)血道をあげる友人に、「ライターの仕事で食べて行けそうだから」と言ってみせる優越感も味わった。

そうだ、初めて今の肩書きを使ったのは、大学を卒業する直前だった。ある女性誌からコメントを求められた。誰かの伝手（つて）だったと思う。かなり年季の入った女性記者が訊いた。

「大塚さん、肩書きどうします？」

それまで、彼女は肩書きについて考えたことが無かった。日常生活では、「大学生」という肩書きがついて来たし、コラム等には「文・大塚千映」と書けば良かったので、考える必要も無かった。だから、即答できず、「え？」と言ったまま、しばし言葉を失う。

「大学生……かなあ。もう卒業しちゃいますけど」

と、やっと言った。相手の女性が尋ねる。

「卒業して、どこかに就職なさるのかしら」

「いいえ、フリーですけど、今の、ものを書く仕事で食べて行くつもりでいますが」

「卒業してから、自分の肩書きがどうなるか、考えたこと無いんですか」

丁寧な口調だが、どこかに呆（あき）れたような棘（とげ）を含んでいる。それも、わざと見せている気がする。

「フリーライター……ですかね」

「そうねえ」

取材用のノートを見つめて、その女性は言った。

「映画評論家ってのは、どう？」

ここでも彼女は、即答を躊躇（ためら）った。相手の意図を読み取ることができない。そういう美味（おい）しい餌（えさ）に飛びつく女か、試しているのだろうか。

「どう?」

再び、念を押される。

「C それって……嘘(うそ)でしょう?」

彼女は慎重に言葉を選ぶ。

「嘘じゃないわよ」

「だって私は、そんな偉そうな仕事、したことありませんよ」

「あら、あなたの書かれる記事は八割方が映画に関するものじゃありませんか。私の記憶違いかしら」

「いいえ。八割方どころか、九割方がそうなんですけどね」

「じゃあ、あなたはメディアの上で、映画を評論した実績を持っているわ、充分に」

「でも、そんな、(イ)おこがましい」

「そう。それなら、あなたが今している仕事の他に、何をしたら、あなたは胸を張って映画評論家ですって言えるのかしら。具体的に説明していただきたいですね」

それには、全く答えられなかった。

「肩書きなんて、名乗ったものが勝ち、なんですよ。世の中に○○評論家なんて、犇(ひし)めいてるじゃありませんか。相当に怪し気なのまでね。一冊本を書けば作家。例えば、それがエッセイであっても構わない。映画を一本撮れば監督。サラリーマンは会社を辞めてしまったら無職になるけれど、一冊がある限り、作家は作家という肩書きを使えるもんです。一度か二度、映画に関するコメントをしただけのタレントから、映画評論家っていう肩書きを要求されたこともありますよ。肩書きなんて、結構いい加減なものです。でも、それが自分を引っ張り上げてくれることもある。映画評論家って看板を掲げることで、美味しい仕事が舞い込んで来る効果も、充分考えられます。で、どうしましょう、大塚さんの肩書きの件は」

その人の言うことが、すべて正しいものかどうか、彼女にはすぐ判断ができなかった。けれど、自分の名前と並んで「映画評論家」という活字が並ぶ様は、想像だけでも興奮できる。魅力的だ。

「じゃあ、映画評論家ということで」

彼女が答えると、相手は「ほら、結局そうなるんじゃない」とでも言いたそうな顔で言った。

「はい、私もその方がいいと思います。本当はこういうことは、自分で積極的に考えて欲しいもんですけどね」

そこまで恩着せがましくされる憶えは無いわ。そっちが勝手に言い出したんじゃない。と、かちんと来たものだ。

しかし、すべてはその人の言った通りで。それから彼女の運は開けたのだ。今では、映画評論家という肩書きには何の抵抗も感じない。努力だってしたから、大き過ぎるものじゃないと、自分に言い聞かせている。件（くだん）のインタビュアーには、あれきり会っていない。

だが、彼女はかなり知名度の低い映画評論家だった。それに関するジレンマを、いつも抱えている。私だって映画評論家なのよ、という自負、そんなにたいしたものじゃないという卑屈さ。みんなは知り合いだから、少しでも彼女の名前が出ていたら注目して、「あ、すごい、頑張ってる」と思うのだろうが、世の中のほとんどの人間が、彼女の書いた文章を読んだとしても、「大塚千映」という名前など読みとばしてしまうのだ。

何より彼女は、自分が思うように評論を展開できないことが辛い。もっと鋭い感性が欲しい。もっと文章力が欲しい。自分と逆のことを言っている人の文に出会うと、面と向かって罵倒（ばとう）されている気分になって、胸が痛み、びくびくしている。自信なんて、ほんの少しも無い。だから、都織子のような鋭い読み手には、それらすべてを見透かされてしまいそうな気がする。

そんな状態にあるから、ある映画雑誌で(ウ)老練な評論家が、このような批判をしていたときには、

模擬試験 文学的文章1

D 身の縮む思いがし、読みながら鼓動が速まった。

「最近はね、どんな肩書きもイージーになり過ぎてると思うのね。何も知らない子どもでも、映画評論家を名乗ってる人がいますね。本当に沢山いる。映画のことを知らないだけじゃないのね。まず、日本語を知らない。大切なことですよ、我々が日本語を知るのは。どのような言葉でその作品を表現するかって、大切な問題でしょ？　けど、その大切さに気付いてる人は少ない。だからね、気が付くとみんな同じ言葉で語っていますね。あんなに沢山の人数、要らない。同じことしか言わないなら、一人で結構です」

問１　傍線部(ア)〜(ウ)の表現の本文中での意味内容として最も適当なものを、次の各群の①〜⑤のうちから、それぞれ一つずつ選べ。解答番号は **1** 〜 **3** 。

(ア)　血道をあげる　**1**

① 活路を見出す
② 希望がもてない
③ 将来を賭ける
④ 不満を感じている
⑤ 夢中でいそしむ

(イ)　おこがましい　**2**

① 差し出がましい感じがする
② 他の人に対して失礼だ
③ 自分の適性に合っていない
④ ばかばかしくて仕方がない
⑤ 分不相応で気が引ける

(ウ) 老練な 3
① 経験を積んで巧みな
② 高齢で判断力が鈍ってきた
③ 周囲が一目置くような
④ 鋭い発言で実績のある
⑤ 年長者の威厳を笠に着た

問2 傍線部**A**「それが、彼女の将来への投資だった」とあるが、どういうことか。説明として最も適当なものを、次の①～⑤のうちから一つ選べ。解答番号は 4 。

① アルバイト探しのための雑誌を買うのに支払った二千七十円が、その後に千映がライターとして高収入を得るきっかけになったということ。
② 映画評論家になりたいと思っていた千映にとっては、まずは勉強するための資金をアルバイトによって蓄える必要があったということ。
③ 大きなものを書いて世間の注目を浴びるようになるためには、アルバイトに与えられるような下積みの小さな仕事を経る必要があるということ。
④ 大学生のうちに、積極的に自分から動き回る姿勢を培っておいたことが、後に千映がフリーのライターとしての運を切り開くきっかけになったということ。
⑤ ライターとして身を立てたいと思っていた千映にとっては、大学生の頃から関連するアルバイトを求めていく経験がその下地になったということ。

問３　傍線部**B**「彼女はいつも自分を『ラッキーだった』と表現している」とあるが、それはなぜか。理由の説明として最も適当なものを、次の①～⑤のうちから一つ選べ。解答番号は 5 。

① 自分がこれまで努力によって獲得してきた仕事の実績を、あえて「ラッキー」だったと語ることによって、そうした努力をしない人の奮起を促したいと千映は考えたから。

② 周囲の状況に恵まれたため、自分から積極的に動くことをしないままに外から与えられた仕事をこなすうちに実績ができてしまい、そのことを千映は嬉しく思っているから。

③ それまで情報誌のライターの仕事をしていたのが、立場が逆転して「書かれる側」に回ったことにとまどいを覚えつつも、その運命の巡り合わせを千映は痛感しているから。

④ 大学時代以来、自らの努力によってライターとしての仕事を切り開いてきたことを自負しつつも、それをインタビュアーに露骨に表すことに千映はためらいを感じているから。

⑤ フリーのライターという身分は不安定で、多くの幸運に恵まれないと維持できないものだと言い聞かせることで、自分の驕りがちな気持ちを千映は戒めようとしているから。

問４　傍線部**C**「それって……嘘でしょう?」とあるが、なぜ「嘘」という表現が用いられているのか。その理由として最も適当なものを、次の①～⑤のうちから一つ選べ。解答番号は 6 。

① 相手が自分の反応を試そうとしていることに対しての警戒の気持ちを示すため。

② 映画評論家という仕事それ自体が嘘くささを含んでいるということを示すため。

③ 記者の発言内容に不誠実なものを感じているという軽い抗議の意思を示すため。

④ 自分がこれまで書いてきた映画評論に事実に反する部分があることを示すため。

⑤ 評論家という大層な肩書きに自分の内実が伴っていないということを示すため。

問5 傍線部**D**「身の縮む思いがし、読みながら鼓動が速まった」とあるが、それはなぜか。理由として最も適当なものを、次の①～⑤の中から一つ選べ。解答番号は 7 。

① 千映がいくら映画評論家としての優れた仕事を重ねても、若い女性だと世間的な評価は得られないということを、老練な評論家の一言で思い知らされたから。

② 千映は映画評論家という肩書きで仕事をしつつも自分自身の文章力が充分でないことを痛感しており、その弱みを言い当てられたような発言に遭遇したから。

③ 千映は映画評論家としての仕事の難しさに日頃から悩んでおり、それなのに事情を知らない評論家がわかったような発言をしているのに腹が立ったから。

④ 千映は既に映画評論家としての実績をかなりあげているのに、「何も知らない子ども」だと罵倒されてはらわたが煮えくりかえるような思いになったから。

⑤ 千映は努力して映画評論家としての仕事を切り開いてきたつもりだったが、老練な評論家に言わせるとまだまだ「イージー」なのか、と落ち込んだから。

問6　この小説における「千映」についての説明として適当でないものを、次の①〜⑦のうちから**二つ**選べ。解答の順序は問わない。解答番号は **8** ・ **9** 。

① アルバイトの時には自分の文章を編集長に直されて反発を感じもしたが、フリーライターとして自立してからは自由に書けるようになり、満足している。

② イージーになりすぎた「映画評論家」の存在に反発を感じ、苛々の素にしかならない無能な人が映画評論家を名乗るのはやめてもらいたいと思っている。

③ 「映画評論家」という偉そうな肩書きに当初はなじめないものを感じていたが、その肩書きに伴って仕事の運が開けてきたことに喜びを感じている。

④ タウン情報誌の映画評論をきっかけに徐々にステップアップをはかってきたが、その背景には自ら積み重ねてきた努力があることを誇らしく思っている。

⑤ フリーライターとして仕事をしていくためには、文章力だけではなく人脈づくりなどの社会的な関係も大切であると心得て、それを実践してきている。

⑥ 文章を書く仕事で身を立てたいという学生時代からの夢を実現させた自分にある程度満足しながらも、自分の実力が充分でないことに不安を覚えている。

⑦ 学生時代からライターへの憧れは抱いていたが、小説のような作り事には抵抗を感じ、実質のある評論を書こうと志し、その志を実現してきている。

文学的文章2

次の文章は、佐々木丸美の小説『雪の断章』の一節である。孤児である飛鳥（本文中では「私」）は、名家として知られる本岡家に引き取られるも、虐げられる日々を過ごしていた。耐えかねた飛鳥は本岡家から逃げ出し、縁あって以前大通り公園で親切にしてくれた青年、祐也に正式に引き取られることになり、祐也とその友人の史郎、家政婦のトキらに温かく見守られながら、新しい生活を始める。**【文章Ⅰ】**は、その直後の場面であり、**【文章Ⅱ】**は、数年後、飛鳥が高校に進学した場面である。これを読んで、後の問い（**問1〜5**）に答えなさい。（配点　50）

【文章Ⅰ】

新しい学校で友達がたくさん出来た。奈津子[注1]さんのいない教室が信じがたかった。のびのびと発言し遊び勉強した。もう意地悪される心配はなかった。

「ふうん、そうか。それで、ひっぱ[注2]たいてやったのか？」

「うん、力いっぱい」

「ａ気持がよかっただろう？」

「とっても！」

史郎さんは上を向いて大声で笑った。私の頭を大きな手のひらでわしづかみにして左右に振った。

「おまえは筋金入りだ。大きくなったら気の強い娘になるぞ」

二人目の理解者だった、それも、とびきり豪快で(ア)あけすけでくだけた類の。祐也さんは私の言葉に耳を傾けながらも、人に対する姿勢としての戒めを忘れなかったけれど、史郎さんはおかまいなしに、そうだ、その意気だ、という愉快さがあった。奈津子さんが全面的に悪いと言ってくれた瞬間から史郎さんへの警戒の垣根がとれた。全身にしみこんでいる本岡家への怒りを吐き出した。

「その娘は、無茶ばかり言ってチビ(注3)ちゃんを困らせていたのだな。まるで真冬のマツユキ草さがしだ」

「なあに、マツユキ――?」

「四月に咲く花を、雪の降る日に摘んで来いと言いつけられて森の中をさまよう少女の話だよ」

可哀想に。何てひどいことを言いつけるのだろう。奈津子さんより意地悪だ。

「それでどうしたの?」

「うん?」

「私のように怒って、とび出したの?」

史郎さんはキョトンとしていたけれどすぐに真面目な顔になった。

「とんでもない。言われた通り大きなカゴを持って森の中を一生懸命さがして歩いたんだ。何しろ、マツユキ草を摘んで帰らなくては家に入れてもらえないのだからね」

「ちょっと待って」

「何だい?」

「誰が言いつけたの?」

「意地悪な伯母さんとその娘だ」

「その少女っていくつなの。お母さんやお父さんはいないの?」

「みなし児なんだ。年は、そうだなア、チビちゃんと同じだ、七歳だ」

「みなし児なの、それでわかったわ。伯母さんたちはその少女が嫌いなのね。みなし児はいつも嫌われるもの」

「**b**そんなことはないさ。祐也も俺もトキさんも、それから管理室のおやじさんも、みんながチビちゃんを大好きじゃないか」

私はドキンとして史郎さんを見た。いつも祐也さんが私を見てくれる優しい目と同じ目をしていた。

私も史郎さんが大好きになりそうだ、と思った。窓には雪が静かにぶつかっていた。

「冬にお花なんか咲いているものですか、かわいそうに」

「ところが、その少女はちゃんと見つけたんだよ。カゴいっぱいにマツユキ草を摘んだのさ」

「まさか！」

「本当だよ。少女の願いが神さまに届いて冬に春の花を咲かせてくれたのだ」

そんなことってあるだろうか。神さまにお願いしてかなえられるのなら、私は何度本岡家で訴えたことだろう。でも一度も聞き届けてはもらえなかった。半信半疑でいる私に史郎さんは、これは外国の童話だ、と微笑した。

「その森の奥には十二人の精が大きな焚火（たきび）を囲んで一年に一度の集（あつま）りを開いていたのだ。一月の精、二月の精、三月の精――その時は一月だったから一月の精が高い場所に坐って森を守っていた。少女は暗くなった雪の中をずんずん奥へ歩いて行ってとうとうその焚火を見つけたのだ。

ほんの少しでいいから凍えた体を暖めさせて下さいって頼んだら精達は親切に応じてくれた。そして、たった一人でなぜこんな所へ迷ってきたのか、ここは人間の来られない所だと言ったのだ。少女は正直に、マツユキ草がなくては家に入れてもらえないからこうして探して歩いて来たと答えると、精達はひどく心を痛めた。なぜなら一月から十二月の精はみんなが少女を以前から知っていてとても可愛い子だと話し合っていたから。

少女はたき木を拾いにいつも森にやって来て動物や小鳥や虫たちに優しくしていたのを、ちゃんと見ていたのだ。中でも四月の精が一番、少女を好いていた。マツユキ草の咲くのは四月だった。だから四月の精は一月の精に、ほんの少しの時間だけ場所を代（かわ）ってもらえないか、と頼んでみた。一月の精は、少女がマツユキ草を摘む時間だけ、と約束して交替してくれた。すると、たちまち雪が溶けて、そよ風が吹いて緑の草が生えてきた。少女は喜んで夢中でマツユキ草を摘んだ」

　ああ、よかった。ホッとして胸を撫でた。雪だらけになって暗い森をさまよう少女が想像できた。その心細さは、寒い大通り公園でベンチにうずくまった自分と同じだから。史郎さんは煙草を一本取り出して火をつけた。よかった、という言葉に笑いながらＡ頷いた。

「それからは伯母さん達、意地悪しなくなったの？」

「いや、少しも変(かわ)らないのさ」

「ひどいのねえ。じゃ、ずっと不幸なのかしら」

「それもちがう。少女はね、四月の精に愛されていたんだ。四月の精は若い強い青年だったからね」

「すてき！　少女も四月の精を好きになったのね」

「うん、大人になって少女はきれいな花嫁になるんだ。安心したか？」

　私は大きくＢ頷いた。少女が四月の精に好かれたのは、動物や小鳥たちを愛していたからだ。自分が伯母さん達にいじめられているのに森の仲間たちには親切心や優しさを注いでいたのだ。意地悪されてもなお心に余裕があったのだろうか。真冬に咲くわけのないマツユキ草を摘めと言われても怒らずにマツユキ草を探したのか。すねて森をさまよったのではなく一生懸命に探したのか。ない物を無心に信じて探すけなげさが神に届いたのだろうか。神はそうした無欲な(イ)ひたむきさのみに力を貸すのだろうか。

　少女は強い、と思った。私とはちがった面での力強さが確かにある。私は本岡家で何ものも愛せなかった。広い庭には季節の虫や花がいた。雨も雪も私にしてみれば一つの生き物だった。学校の行き帰りには小犬もいたし、学校には鳥も魚もいた。しかし私は、そのうちのどれにも心を傾けた覚えはない。ただ感情のない、いじめられることも、いばられることもない自然のままに生きている姿を羨(うらや)んだ記憶はあるけれど。少女が、もし私のように森の動物達をうらやましがるだけで終(おわ)っていたら四月の精もまた、少女を好きにはならなかったと思う。自分の強さと自分の愛は、いつかは自分の幸福へ導くものなのかもしれない。ふと、考えがよぎった。祐也さんに逢えたのは、すさみきっていた心にたったひとりの人を恋う素直さだったための褒美かもしれない、と。だんだんにぬくもりを感じてくる身体を不思議だと思った。祐也さんやトキさん、それに史郎さんに諭されなくても、自分から素直で強い人間になれるような気がしてきた。

窓の枠をつつみながら雪がしんしんと降り続く。雪はどうして白く冷たいのか、すぐに凍りついてしまうのか、すぐに物を埋めてしまうのか。雪は、すべてのものの始めではないだろうか？　白い色はどんな色にも染められる。冷たさは暖めることも、それ以下に冷やすことも出来る。小さなひとひらは油断していると、どんどん何でも隠してしまう。

そうなのだ、雪は出発点だ。祐也さんと公園で逢った時も私は雪を見ていた。何より本岡家をとび出した時も雪が降っていた。あの時私は、祐也さんに向かって、新しい生活に向かって走り出したのだ。そして今、新しい自分の考え方と愛のあり方を、こうして窓の雪を見て自覚した。しかも雪の中をさまよった少女の強さを媒介として。

【文章Ⅱ】

私はＢ組になった。たくさんのクラスメートの中からよい友達を探そう。祐也さんと史郎さんのような大人になってもつき合ってゆけるような人を。こんな新鮮な胸のふくらみが次の瞬間に打ち砕かれてしまった。知っている顔が制服姿の中に混っていた。眠っていたものが私の内部でたちまち再燃した。奈津子さんがいたのだ。

雪の中を少女は歩いた。森は暗く遠く狼の声が聞こえる。それでも、マツユキ草を求めてとぼとぼと歩いた。

気まぐれで我ままな王女さまが、マツユキ草を摘んできた者には金貨を与えると言ったために、欲ばりな伯母さんと娘が大きい籠いっぱいにマツユキ草を摘んで来いと言いつけたのだ。

遠くに火が見えた。少女は恐いと思わなかった。それは希望の灯だった。

十二人の月の精が焚火を囲んで詩(うた)っている。ああ可愛い少女だ、こちらへ来て暖まりなさい。君が森の動物や小鳥をいたわってくれたお礼だよ。ありがとう、十二人の精の皆さん、私はマツユキ草を探さなくてはなりません、さようなら。

お待ちよ、可愛い娘さん、マツユキ草は僕があそこに坐らなければ咲かないよ。今は一月の兄さんが坐っている。次は二月の兄さん、次は三月の兄さんだ。ええ知っています。でも私は今摘まなくてはいけないのです。王女さまが今すぐに欲しいと言うのです。だから伯母さんも今すぐに欲しいのです。伯母さんは金貨がほしいのです。

四月の精は心を痛めた。少女のためにマツユキ草を贈りたいと思った。一月の兄に席を一時間だけくださいと頼んだ。一月は静かに立ち上(あが)った。

森の片隅に春が届き少女はシューバ(注4)を脱いだ。素足で若草を踏み、小鳥のさえずりに梢をふりあおぐ。籠の中はたちまちマツユキ草でいっぱいになった。

ありがとう四月の精のお兄さん。私はあなたのことを忘れません。僕も忘れたりしないよ、ほら指輪をあげる。困ったことがあったらそれで僕を呼びたまえ。きっと救いに行くよ——。

少女は家へ帰るとマツユキ草を渡した。けれどどうして摘んだかは決して言わなかった。しかし我ままな王女さまと意地悪な伯母さんにせきたてられて再び森の案内役にされてしまった。たくさんの兵士を連れてマツユキ草狩りが開始された。道のわからない少女に腹を立てた王女さまは大切な指輪を取りあげて雪の中へ捨ててしまった。少女は必死になって四月の精を呼んだ。森は十二の月が入り乱れて荒れ、権力を誇る者たちを苦しめた。意地悪な伯母さんと娘を醜い犬に変えて、王女さまのシューバや靴を取りあげ、弱虫な兵士達を逃がしてしまった。寒い森の中では金貨も権力も何の役に立たないことを悟り王女さまは改心に目覚めていく。四月の精は少女に雪よりも白いシューバを着せ再び指輪を与えた。もう決して失くしてはいけない、僕が迎えにゆくまでは、と。

少女はしっかりと指輪を抱いて、雪の森へ別れを告げた。

（マルシャーク「森は生きている」）

年月こそ過ぎたけれど昔の面影は残していた。相手もギョッとした様子だったけれど何も言わないのでこちらから話しかけることもないと思った。性格は変(かわ)ってないらしく、いつも取り巻きを従えていたし美しい(ウ)<u>あでやかな</u>笑顔で男子生徒や先生に接していた。

（注）１　奈津子――本岡家の令嬢で飛鳥をいじめていた。祐也に引き取られるまでは、学校でも奈津子と同じクラスであったため、飛鳥は家でも学校でも気が休まることはなかった。

２　ひっぱたいてやった――ある雪の降る夜に、奈津子の理不尽な要求により生じたいさかいの末に、奈津子に頬を打たれた飛鳥が奈津子の頬を打ち返したことをいう。

３　チビちゃん――飛鳥のこと。史郎は飛鳥をこう呼ぶ。

４　シューバ――防寒用の毛皮の上着。

問１　傍線部(ア)〜(ウ)の本文中における意味として最も適当なものを、次の各群の①〜⑤のうちから、それぞれ一つずつ選べ。解答番号は **1** 〜 **3** 。

(ア)　あけすけ　**1**

① 言動や態度がはっきりしていて、遠慮のない様子
② 言動や態度が明るく元気で、裏表のない様子
③ 言動や態度が誠実だが、おとなしい様子
④ 言動や態度が素直だが、心の中はわからない様子
⑤ 言動や態度が几帳面で、周囲に配慮できる様子

(イ)　ひたむきさ　**2**

① 周囲のことを考えずわが道をいく様子
② 悲壮感をもってふるまう様子
③ 一つのことだけに熱中する様子
④ 感情を抑えて物事に取り組む様子
⑤ 控えめに行動して目立たない様子

(ウ)　あでやかな　**3**

① 容姿や仕草に幼さがある
② 容姿や仕草が華やかな
③ 容姿や仕草に愛嬌がある
④ 容姿や仕草が派手で注目を集める
⑤ 容姿や仕草が大人びている

問２　波線部**a**「気持がよかっただろう?」及び波線部**b**「そんなことはないさ。」という史郎の発言を飛鳥はどのように受け止めているか。その説明として最も適当なものを、次の①～⑤のうちから一つ選べ。解答番号は［4］。

①　**a**では自分の行動を褒めてくれていると感じ、**b**では自分を優しく見守ってくれていると感じていて、どちらも心から信頼を寄せる祐也と同じ態度であるため安心している。

②　**a**では祐也のように真摯な態度で自分の行動を肯定してくれていると感じ、**b**では自分の不安を一蹴してくれていると感じ、自分を気遣ってくれる優しさに感謝している。

③　**a**では祐也と異なり露骨すぎる物言いをするため違和感を覚えているが、**b**では祐也と同じようにこちらから愛情を抱いても良い人物だと理解して、親近感が増している。

④　**a**では祐也と異なる類の率直さで自分を理解してくれる存在だと感じ、**b**では祐也と同種の愛情を自分に注いでくれる存在だと感じ、いずれからも深い信頼感を覚えている。

⑤　**a**では祐也とは違い戒めることなく自分を全肯定してくれていると感じ、**b**ではさらに祐也のような優しさをも感じることができたため、淡い恋心さえ抱き始めている。

問３　傍線部**A**「頷いた」について、史郎はどのような思いを抱いていたか。また、傍線部**B**「頷いた」について、飛鳥は話の結末を聞いてどのように感じたか。それらの説明として最も適当なものを、傍線部**A**については【Ⅰ群】の①～④のうちから、傍線部**B**については【Ⅱ群】の①～④のうちから、それぞれ一つずつ選べ。解答番号は［5］・［6］。

模擬試験
文学的文章２

【Ⅰ群】 **5**

① つい先程まで、少女が本当に冬にマツユキ草を摘めるのかと疑っていたのに、それを忘れて物語の展開に熱中している飛鳥の無邪気な様子をほほえましく思っている。

② 自身と少女の境遇に重なる部分を感じたためか真剣に物語を聞いていた飛鳥が、少女が報われたことを知って思わず安堵の声を漏らす様子をいとおしく感じている。

③ 苦難に遭いながらもマツユキ草を摘む少女の姿や心情を、過去の自分になぞらえて鮮明に想像している飛鳥の様子を眺めながら、幼いのに理解力があるものだと感心している。

④ 自分と同じような不安を抱えていた少女がマツユキ草を摘んで幸せになったという話を聞いて安心する飛鳥を見て、飛鳥を幸せにしてあげようと決意を固めている。

【Ⅱ群】 **6**

① 少女が四月の精の花嫁になるという結末を知り、少女と同じように自然を愛する気持ちを持ち続けてきた自分なら、いつか祐也と結ばれるかもしれないと期待している。

② 四月の精に愛されてその助けによって幸せになった少女のように、祐也や史郎から深い愛情を注がれている自分も、彼らの助言に従えば幸せな人生を過ごせるだろうと安心している。

③ 少女が最後には幸せになれるという話を聞いて、けなげさと優しさとをあわせもつ少女に尊敬の念を抱いたが、自分は少女のような素直で強い人間になれるか不安を覚えている。

④ 少女が四月の精と結ばれるという結末に満足するとともに、悲惨な境遇に置かれても優しさを失うことのなかった少女の強い生き様に感心し、刺激を受けている。

問４　**【文章Ⅰ】**で史郎が語っている物語（**Ｘ**）と、**【文章Ⅱ】**で引用されている「森は生きている」（**Ｙ**）とは同じ内容の物語であるが、一部の描写や構成に違いがある。その違いとそこから生じる効果についての説明として最も適当なものを、次の①～⑤のうちから一つ選べ。解答番号は［7］。

①　**Ｙ**では、四月の精が他の精に比べて少女に特別な心情を抱いているような描写は見られないが、**Ｘ**では、四月の精と少女との間の恋愛感情が強調されており、多感な年頃の飛鳥が話に熱中する原因の一つとなっている。

②　**Ｙ**で表現されている森やそこに住む精たちは、誰であれ構わず猛威を振るう自然の象徴としても描かれているが、**Ｘ**ではそうした自然の暴力性は排除されていて、幼い飛鳥に話を聞かせる史郎の配慮が感じられる。

③　**Ｘ・Ｙ**ともに、マツユキ草を摘むように伯母たちが命じたことが示されるが、**Ｘ**ではマツユキ草を探せなかった時に受ける仕打ちや少女の境遇が具体的に描かれることで、理不尽さも強く伝わり、飛鳥の共感を生みやすくなっている。

④　**Ｘ**では、飛鳥がイメージしやすいように専ら少女の視点からのみ物語が語られているが、**Ｙ**では、少女、四月の精、王女、と様々な登場人物の視点から物語が描かれており、その視点の多さが話に奥行きをもたらしている。

⑤　**Ｘ**では、伯母たちは最後まで意地悪なままであるため、人生の不条理さばかりが印象に残ってしまうが、**Ｙ**では彼女らが醜い姿に変わるという勧善懲悪的な場面も描かれており、道徳意識の重要性が強調されている。

問５　【文章Ⅱ】の構成とその効果について説明したものとして、適当なものを次の①～⑥のうちから二つ選べ。ただし、解答の順序は問わない。解答番号は 8 ・ 9 。

①　かつて飛鳥をいじめていた奈津子との再会は、飛鳥の高校生活がうまくいかないことを予感させる。しかし、わがままだった王女が改心するという内容の童話が挿入されることで、奈津子もかつての自身の行動を後悔しており、本心では飛鳥と和解したいと望んでいることが暗示されている。

②　飛鳥は高校で生涯にわたってつきあえる友達を探そうと胸を弾ませている。しかし、飛鳥をいじめていた奈津子の、昔と変わらない容姿と性格の描写や、結局四月の精とも別れることになってしまったという童話の結末は、飛鳥の望みは決して叶わないことを読者に想像させる働きをもっている。

③　奈津子との再会は、飛鳥の高校生活の前途多難さを読者に示唆するものである。しかし、苦難に強く立ち向かう少女の姿と、飛鳥にとって出発の象徴といえる雪景色とが描かれる童話の挿入により、飛鳥が自らの力で高校生活を良いものにしていくという希望も同時に提示されている。

④　飛鳥と奈津子の再会は、高校に入学した直後の出来事のため、小説中の季節は春である。しかし童話の挿入により、暗くて寒い雪の森の情景が鮮明に映し出されることで、飛鳥の心は本岡家で虐げられていたかつての悲しい記憶に依然として閉ざされたままであることが読者に印象づけられる。

⑤　飛鳥と再会した奈津子の容姿や性格は以前と変わっていない。しかし、醜い犬に姿を変えられる意地悪な伯母や娘が描かれる童話がその描写の直前に挿入されることによって、奈津子の境遇や飛鳥との関係が、幼少期とは異なったものになるかもしれないという話の展開を予想させる。

⑥　過去に因縁のある飛鳥と奈津子の再会は物語の劇的な展開を予想させる。しかし、「雪の森へ別れを告げた」という童話の最終文は、「何も言わないのでこちらから話しかけることもないと思った」という表現と響き合い、二人が今後一切交わりをもたないことになるという運命を示唆している。

文学的文章3

次の文章は、宮本輝の小説『優駿』の一節である。和具久美子は、オラシオンと名づけられた競走馬の馬主である。砂田重兵衛調教師の指示のもと、オラシオンは主戦騎手・奈良五郎を背に、目前に迫った皐月賞に向けて調教を積まれていた。これを読んで、後の問い（問1～6）に答えよ。（配点　50）

調教コースの入口近くで、いま追い切り（注1）を終えたばかりの馬が横に並んだ。その関東馬の背には、奈良よりも三期先輩の高野真一が乗っている。

「こんな化け物と一緒に走るのはいやだなァ」

高野はゴーグルを顎（あご）の下にずらして話しかけてきた。

「あんまり型どおりに勝ちすぎるから、皐月賞（注2）では、ひっかきまわしてやろうかと思ってんだ」

「そんな怖いことやめて下さいよ」

奈良も笑って応じたが、型どおりに勝ちすぎるという言葉は奈良を（ア）萎縮させた。

「俺（おれ）は、お前の馬のあとから行っても勝てねェんだから、逃げるしかねェよ。つかまったらそれまでだ。逃げて逃げて逃げまくるさ」

調教コースを出て、ともに馬から降り、二、三歩行ったころ、高野真一は、

「このまま、こっちにいつづけるんだろう？」

と訊（き）いた。

「いいえ。土曜日には阪神（注3）で四鞍乗るんです。そやから、きょう中に栗東（注4）（りっとう）へ帰らんとあかんのです」

「じゃあ、土曜日に、またこっちへトンボ帰りか？」

「ええ」

「俺んちで、昼飯を食っていけよ」

高野は、記者たちが寄り集まって来たので、小声でそう言ったが、口調には強引なものがあった。

「待ってるから」

高野は、記者たちに、

「A俺になんか用はないでしょう？　こいつの馬だけ見てりゃいいよ」

と大声で言って、奈良を指差した。テレビカメラが近づき、マイクを突きつけられた。

「追い切りの感じは、どんなものでした？」

と取材のアナウンサーが質問してきた。

「仕上がりました」

とだけ奈良は答えた。それ以上に適切な答えはないように思った。

「ここ数年、関西馬は総崩れですけど、ことしは、オラシオンで一泡（あわ）どころか四歳(注5)のクラシックを全部勝ってもらいたいっていうのが、関西のファンの胸の内じゃないかと思うんですが」

「競馬ですから、やってみないと判りませんよ。だけど馬の調子は文句がありません」

テレビカメラは、引きあげていくオラシオンに移り、マイクは砂田に向けられた。記者たちがしつこく追って来た。

「しまい重点の追い切りだったみたいだけど」

見知った顔の記者は、そう言いながら、メモ用紙を見せた。〈九十三・五。上がり(注6)三十七・五〉と赤のボールペンで数字がなぐり書きされていた。

攻め馬服の袖（そで）で額の汗を拭（ふ）き、

「天気予報はどんな具合ですか？」

と奈良は逆に訊いてみた。コンマ一秒の誤差もなく乗ったことに、抑えがたい歓（よろこ）びを感じた。

「雨は降りそうにないね。良馬場だろう」

さまざまな質問を浴びせられたが、**B**奈良は、馬の調子はいいので、あとは運だけですと答えるばかりだった。砂田が記者たちから離れ、車に乗ると手招きした。奈良は走って行き、車に乗った。運転席に坐（すわ）っているのは久美子であった。

「お疲れさまでした」

久美子は言った。

「いえ……」

奈良は、それだけ言って、砂田に目をやった。

「さあ、行きまひょか」

砂田はハンティングをかぶり直し、久美子に言って

「出発進行」

と大声を出した。しかし、久美子は、三度もエンストを起こし、そのたびに、顔を赤くさせてエンジンをかけた。

「何をしてまんねん」

「これ、レンタカーやから、なかなか慣れないんです」

「クラッチを上げるのが早いんですな」

「砂田のおじさまも、きのう何回もエンストさせたくせに……」

「**C**ほんまに、『はい』というひとことを言えん人やなァ。人のことはほっときなはれ」

奈良は、また記者たちに取り囲まれるのを案じながらも、久美子と砂田のやりとりがおかしくて、顔を伏せて笑った。

「納得したら、ちゃんと『はい』って言います。これまでそうやったでしょう?」

「ごちゃごちゃ言わんと、早よう車を動かしたらどうですねん」

「そんなにすぐかっかするから、頭の毛が……」

「失礼な娘やなァ。わしはこのハゲ頭が気に入ってますねや。わしは、あんたを嫁にする男に同情するわ。所帯を持ったら、気の休まるときがないやろなァ。極楽トンボみたいな男でないと、あんたの亭主(ていしゅ)は務まらん」

「極楽トンボを捜します」

「ああ、そうしなはれ」

車はやっと動きだし、出張馬房へと向かった。奈良は、久美子と砂田が、いつのまにこんなに仲が良くなったのか不思議でならなかった。

「ほれほれ。馬が道を渡る。ゆっくりブレーキを踏まなあきまへんでェ。馬がびっくりして放馬でもしたらえらいこっちゃ」

出張馬房に着くまで、砂田は、アクセルをふかしすぎだとか、あっ、また馬が渡るとか、わめきつづけていた。砂田重兵衛を毛嫌(けぎら)いする者は多かった。口が重く、無愛想で、(イ)癇癪(かんしゃく)持ちで、記者の多くは、彼を陰で「むっつり入道」と呼んでいる。だが、砂田が、馬について多くを語らないのは、レースには莫大な金銭が絡んでいるという理由によってであった。「勝算は?」と訊かれれば、必ず「やってみなければ判らん」としか答えない。奈良は、一度、古参の競馬記者が砂田に食ってかかる場面に出くわしたことがある。こっちも子供の使いではないし、お互い長いつきあいなのだから、もう少し丁寧に教えてくれたらどうか。記者は激して言った。その際、砂田は珍しく穏やかな口調でこう説明した。

「D あんたらへのサーヴィスで、見も知らん人間を損させるわけにはいかん。(注7)ソエを痛がってるのに、どうしても他(ほか)に使うレースがないので走らせたら、あっさり勝ってしまう場合がある。調教師の談話として、レース前にそれが新聞に載ったら、ファンは馬券の対象から外すやろ。その反対の場合もあるんや。決めたローテーションどおりに仕上がって、時計の面でも、相手関係でも、絶対に負ける筈のない馬が、五着にもこんときがある。勝負事はみんなそうやけど、競馬は、一レースに何億という金が賭かるギャンブルなんや。勝っても競馬やし、負けても競馬や。それが競馬というもんや。それに直接関わってる人間が、(ウ)うっかりしたことは言えん」

奈良は、そんな砂田の態度を正しいと思い、それ以来、自分も騎手としての私見を口にしないようになったのである。そんな砂田が、大レースを前にして、しかも砂田自身の調教師生活においても一生に一度出逢うかどうか判らぬオラシオンという馬の出走を前にして、どこかはしゃいだように久美子と言い合っているのを、E奈良はうらやましく感じた。

（注）1 追い切り――競走馬がレースに出る前の調教の仕上げ段階で、騎手を乗せて一定の距離をレースに近い速度で走らせること。

2 皐月賞――毎年春に千葉・中山競馬場で行われる、三歳馬による大きなレース。ダービー（東京優駿）・菊花賞とともに「三冠レース」と称される。

3 阪神――阪神競馬場。兵庫県西宮市にある。

4 栗東――滋賀県栗太郡栗東町。関西馬のトレーニング・センターがある。

5 四歳のクラシック――この小説の発表当時、馬の年齢は数え年で表記していた。現在の表記だと三歳に相当する。三歳のクラシックレースとは、皐月賞・ダービー（東京優駿）・菊花賞の三冠レースに加えて、牝馬限定の桜花賞・オークス（優駿牝馬）の計五レースを指す。

6 上がり――調教の最後六〇〇メートルの走破タイム。

7 ソエ――競走馬特有の筋肉痛。

8 ローテーション――ここでは競走馬をレースに出走させていくスケジュールのこと。

問1　傍線部(ア)〜(ウ)の表現の本文中での意味内容として最も適当なものを、次の各群の①〜⑤のうちから、それぞれ一つずつ選べ。解答番号は［1］〜［3］。

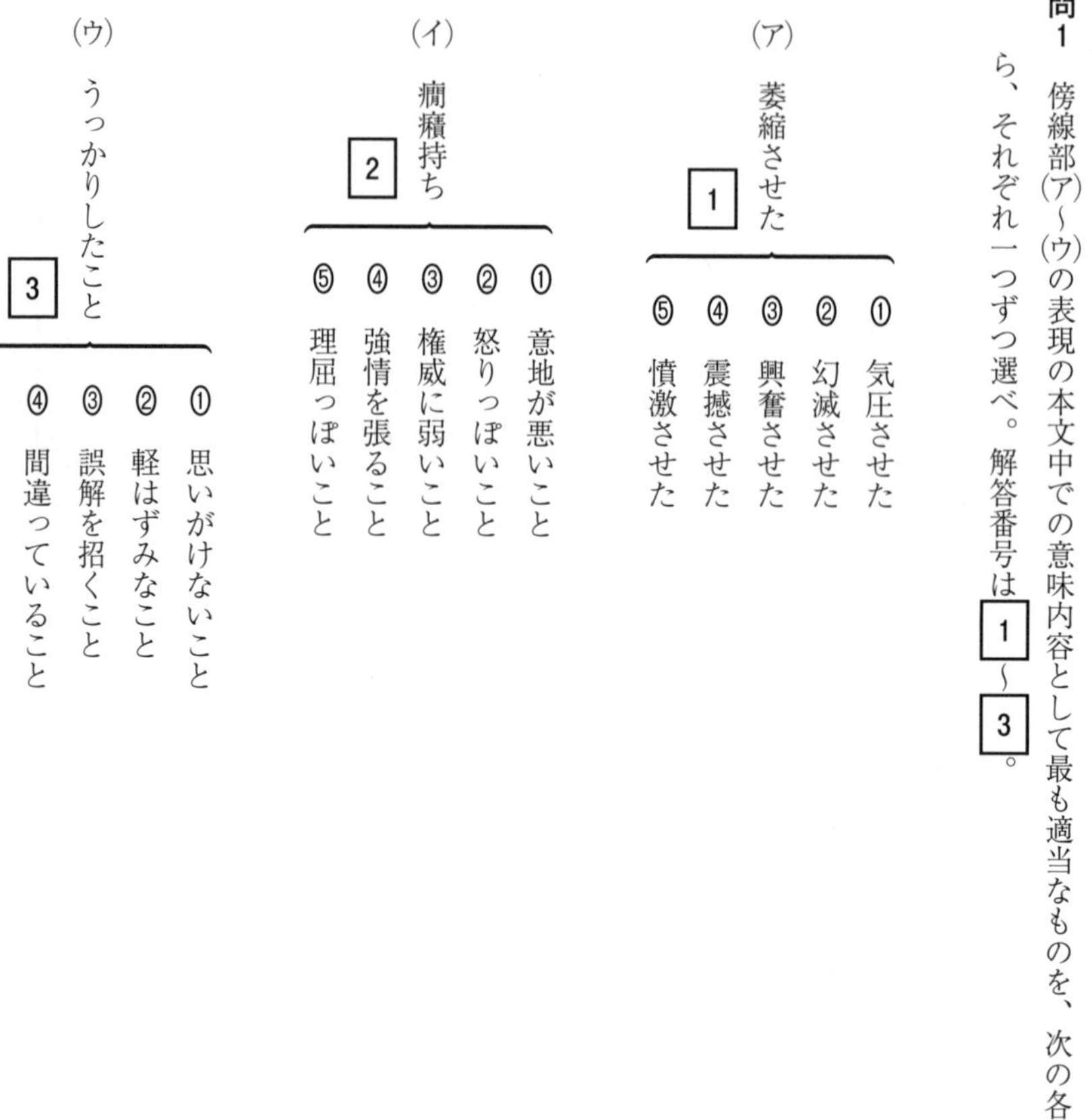

(ア)　萎縮させた　［1］

① 気圧させた
② 幻滅させた
③ 興奮させた
④ 震撼させた
⑤ 憤激させた

(イ)　癇癪持ち　［2］

① 意地が悪いこと
② 怒りっぽいこと
③ 権威に弱いこと
④ 強情を張ること
⑤ 理屈っぽいこと

(ウ)　うっかりしたこと　［3］

① 思いがけないこと
② 軽はずみなこと
③ 誤解を招くこと
④ 間違っていること
⑤ 余計なこと

問2 傍線部**A**「俺になんか用はないでしょう? こいつの馬だけ見てりゃいいよ」とあるが、ここで高野はなぜそう言ったのか。理由の説明として最も適当なものを、次の①～⑤のうちから一つ選べ。解答番号は **4** 。

① オラシオンの調子の良さに感心し、記者たちに時間の無駄を避けてより有意義な取材をしてもらいたいと配慮したから。

② 記者たちの注意を奈良に向けることによって、自分が皐月賞で逃げの秘策を練っているということを隠そうとしたから。

③ 奈良と自分とにうるさく質問を浴びせ続ける記者たちから逃れ、早く奈良とともに自宅で昼食をとりにいきたかったから。

④ 奈良に注目させることによって記者たちの取材攻勢から逃れ、彼よりも先に久美子のところに行きたいと思ったから。

⑤ 奈良の乗るオラシオンに比べて自分の乗る馬の力が劣ることを痛感し、それを記者たちの前で明かすことに抵抗を感じていたから。

問３　傍線部**B**「奈良は、馬の調子はいいので、あとは運だけですと答えるばかりだった」とあるが、それはなぜか。理由の説明として最も適当なものを、次の①～⑤のうちから一つ選べ。解答番号は **5** 。

① 「馬の調子はいい」とだけ繰り返すことによって、本当はオラシオンに体調面での不安があることを隠しておきたいと思ったから。

② 簡単なコメントだけを繰り返すことによって記者の質問攻勢を封じ、早く車に乗って帰りたいと思っていたから。

③ 砂田調教師の指示どおりコンマ一秒の狂いもなく調教ができたのがうれしくて、他のことには考えが回らなくなってしまっていたから。

④ 砂田調教師の日頃の態度や考え方から、騎乗馬の状態に関しての関係者のコメントは控えめにすべきだと思っていたから。

⑤ 「良馬場だろう」という見通しを新聞記者から聞き、オラシオンは運にも恵まれそうだという確信を深めたから。

問４　傍線部**C**「ほんまに、『はい』というひとことを言えん人やなァ」とあるが、この言い方にあらわれた砂田の気持ちはどのようなものか。説明として最も適当なものを、次の①～⑤のうちから一つ選べ。解答番号は **6** 。

① 久美子が自分に対して従わないことに憤りを感じ、性格的に素直にならないことには彼女の今後が心配だと案じている。

② 久美子が自分の言うことにひとつひとつ反発することを皮肉りつつ、そうしたお転婆さに対して基本的には暖かい視線を注いでいる。

③ 久美子が素直に自分の指示に応じないことに憤りを覚えているが、自分の管理する馬の馬主であるからとその気持ちをこらえている。

④ 久美子に対して口先では冗談を言ってはいるが、基本的には同じ馬に夢を託す調教師として、強い信頼を彼女に感じている。

⑤ 久美子の発散させる若い女性の香気にとまどいを感じつつも、彼女の運転する車の助手席に乗せられたことに喜びを感じている。

問5 傍線部**D**「あんたらへのサーヴィスで、見も知らん人間を損させるわけにはいかん」とあるが、どういうことか。説明として最も適当なものを、次の①～⑤の中から一つ選べ。解答番号は 7 。

① 自分の管理馬についての情報だけを多く提供することは、ファンが他馬との比較で馬券を購入する際の判断を難しくすることになるので、そうした苦労はさせたくないということ。

② 新聞記者だけに詳しい情報を内密に与えることは、その情報を知らない一般の競馬ファンたちの不利益を生むことになるので、そうした不正行為には加担したくないということ。

③ 調教師の談話を詳しく新聞に発表することによって、その新聞を参考にした多くの競馬ファンが馬券を買い誤る可能性も増すことになるので、そうした可能性は減らしたいということ。

④ 特定の新聞の記者にだけより詳しい情報を与えることは、その新聞を読まない多くの競馬ファンに相対的に損をさせることになるので、そうした不公平は避けたいということ。

⑤ 必要以上のコメントを新聞に発表することは、ライバル馬の調教師やそのファンたちに邪推をさ

れる危険性を生むことになるので、そうしたトラブルからは逃れたいということ。

問6　傍線部**E**「奈良はうらやましく感じた」から、奈良のどのような心情を読み取ることができるか。説明として最も適当なものを、次の①～⑤のうちから一つ選べ。解答番号は **8** 。

① 一貫したポリシーのもとで馬を調教し、皐月賞という大レースに管理馬を出すまでに至った砂田の人生に対しての憧れ。

② 久美子に好意を感じている自分を差し置き、彼女と親しく話を交わせる関係をすでに作ってしまった砂田に対しての僻み。

③ 皐月賞に管理馬を出すという大きな出来事にもかかわらず、相変わらず平常心を保っていられる砂田に対しての賛嘆。

④ 実際に馬にまたがって調教する自分の緊張感とは関係なく、外から指示を出すだけの久美子や砂田の立場に対しての憤り。

⑤ 大レース前の重圧に独りで耐えている自分と異なり、軽口を叩いて緊張感を紛らわせる相手がいる砂田に対しての羨望。

補章　国語表現

1　「国語表現」の設問分析と対策

近年、国語表現に関する設問が必ず出題されている。各大問の問題文に基づき出題されているが、他の設問とは違って選択肢の文章が一般的に書かれていることもあり、一見すると何をどう考えればいいのかわからなくなってしまう人も多い。この補章では、近年の傾向を踏まえ、国語表現の設問について出題傾向と対策をまとめた。ここまでの本書の内容と合わせて、しっかり対策を立ててほしい。

(1)　何が問われているのか＝設問の傾向

国語表現といっても、その設問で問われていることは一様ではない。近年の出題傾向をまとめると、だいたい次のようになる。

▼文章全体の構成を問う

問題文の論の展開や、内容のまとまり（意味段落）の関係などを問うものである。

▼表現の特徴を問う

これは問題文のある一部分の文章表現を取り上げ、その表現についての説明が適当か否かを問うものである。その際、論理的文章では論の展開、文学的文章では話の展開や登場人物の心情の変化と絡めて説明されていることもある。問題文中で取り上げられる箇所は、一つの設問につき一箇所（もしくは二箇所）の場合もあるが、近年は四箇所以上の場合が多い。このような複数箇所の出題の場合、当否の判断自体はそれほど難しくないのだが、各選択肢で指摘された箇所を一つ一つ検討しなければならず、解答に時間がかかることが多い。

注意してほしいのは、表現の特徴といっても、出題される文章によって内容はさまざまという点である。もちろん表現上の普遍的な基本ルールというものはあるのだが、その文章独自の使い方をしているものもかなりある。したがって各選択肢に書かれていることは、あくまでも出題された文章に限定したものと考えよう。

（2）どう解くのか＝解答の手順

①　選択肢から考える

本書で述べているように、「現代文」では、まず問題ごとの戦略を考えるのだが、国語表現の設問に取り組む際は**【戦略Ⅲ】**の考え方を応用し、**「選択肢から考える」**と決めてかかってしまってよい。そもそも表現の特徴の説明といっても、文章全体にわたる表現の特徴なのか、構成と絡めた表現の特徴なのか、細部の表現を説明しているのか、比喩や象徴表現の説明なのか、説明の仕方でいろいろ考えられる。したがって最初から選択肢を見て、出題者が問題文のどの表現を取り上げて、どう説明しようとしているか、確認しておかないとどうしようもないのである。そして問題文の該当箇所と照らし合わせて、その説明が適切か否か判断して解答を出すという手順になる。その際、取り上げられる表現の数によって、多少やり方が変わってくる。

▼一つの表現を取り上げている場合→例(1)

問題文中のある表現を取り上げて、複数の選択肢の中から適切な説明一つを選ばせるパターンが多い。このような設問では、各選択肢を比較して、見きわめポイントを押さえて解答するという手順になる。このやり方は全体の構成を問う設問（**例⑶・⑷**）でも同じである。

▼選択肢一つ一つで取り上げる表現が異なっている場合→例⑵・⑸・⑹・⑺

選択肢それぞれで取り上げる表現が異なっている場合は、選択肢同士を比較することができない。したがって、それぞれの選択肢を部分ごとに区切り、各部分の説明が適切か否か、都度問題文と照らし合わせて検討する必要がある。選択肢一つ一つは決して単純な内容ばかりではない。そのため、問題文と照らし合わせる時には丁寧な読解が必要だし、その分手間と時間がかかる。

共通テストは分量が多いので、あまりのんびりとやっていられない。よって国語表現の設問では、まず何よりも**選択肢をいかに効率よく吟味するか**が勝負のポイントになる。

②　選択肢の文章は出題者の「説明」である

さて、選択肢を見ていく上で気をつけてほしいのは、表現の特徴についての選択肢の文章は、あくまでも出題者の考えた「説明」だということである。人の考えはそれぞれなのだから、受験生にとっては、「そんなのわかるわけないじゃん」と思うだろう。思い切って言おう。それでいいのだ。国語表現の設問では、あなたが「わかったこと」「読み取ったこと」が問われているのではない。**選択肢の「説明」が適切かどうか、その「説明」の当否が問われている**のである。あなたがその文章から「読み取ったこと」「わかったこと」は、国語表現の設問を解く上で、あまり関係がないと言ってもいい。

したがって問題文の内容を、完璧に「わかる」必要はない。問われているのは説明の当否なのだから、多少内容にわからないところがあっても、説明の良し悪しさえ判断できればよいのだ。もちろん内容を「わかって」いるに越したことはない。ただ自分の理解が、必ずしも出題者の理解と一致するとは限らない。もし一致していなかった場合、自分の「理解」によって選択肢を検討すると、「どれも違う、正解がない！」ということになって、途方に暮れてしまう。おそらくその時のあなたの「読み」や「理解」は、作品の読解としては間違っているとはいえないだろう。とくに文学作品などは本来「読者」の多様な「読み」を許容するものだからだ。だが、出題者の「読み」や「理解」と合っていなかったために、当然「どれも間違っている」と判断してしまう。さてこうなると自分の「理解」が間違っていたと考えて、選択肢に合わせて自分の「理解」を修正しようと四苦八苦し、他の問題にも悪い影響を与えてしまうのだ。逆に自分では内容がよく理解できず、選択肢を見ながら内容を「理解」しようとすると、今度は「どれも合っている」ように見えてしまう。そしてその中で自分が何となく「理解」できた選択肢を、「それっぽい」という理由で選んで間違ってしまうのである。また場合によっては、なぜか正解と思われるものが三つになってしまった、などのようなこともあるだろう。いずれの場合も、自分の考えに基づいて「そう思う」「そう思わない」という観点から正解を選ぼうとしているのである。

したがって国語表現の設問に限れば、あなた自身がどう考えたか（解釈においてこれが要求されるのはもっぱら大学に入ってからである）はひとまずおいて、出題者の提示したサンプルの中から最もマシな（＝おかしなところがない）説明となっているものを選ぶという発想の転換が必要だろう。

国語表現問題の設問は、**「問題文の表現の特徴について、以下の四つの説明があります。問題文と照らし合わせて、どの説明が一番まともでしょうか。」**とでも言い換えられるもので、あくまでも出題者の「説明」の当否がきかれているのである。

③　消去法を活用する

さて、選択肢を吟味していく際には、やはり**消去法が有効**だろう。

これまでの試験では、選択肢全体の内容が根本的に間違っていたり、問題文の話題とまったく関係ないことを述べている間違い選択肢もあるにはあるが、大半の間違い選択肢は、文章の細部が間違っていることが多い。表現の特徴の「説明」として、適切なものを選ぶというより、各選択肢の不適切な部分を探して消去して、残ったものを「（出題者による）適切な説明」と判断するのだ。一種の間違い探しといってもよい。

その間違いの部分は、直接関係がなかったり、内容が合っていなかったり、などいろいろ間違いの要素はあるのだが、大半の場合、「決定的に」「どう考えてもそうは説明できない」ようなわかりやすいものが多い。したがって「このように説明できるかも」というような**「微妙な」部分に関しては、合っているか否かの判断を無理にせず**、保留して、選択肢の別の箇所から、よりはっきりした間違いの部分を探した方がよいだろう。

次からは、過去問を通して、国語表現問題の実際の選択肢と、考え方を見ていこう。

2　論理的文章（評論文・第1問）

近年の国語表現の問題は、基本的に「問題文中の表現についての問題」と、「文章構成を問う問題」が出題されている。二〇一〇年度（岩井克人「資本主義と『人間』」）や二〇一三年度（小林秀雄「鐔」）などのように、(i)・(ii)と分かれて表現と構成の両方を問う場合と、二〇一二年度（木村敏「境界としての自己」）や二〇一五年度（佐々木敦『未知との遭遇』）のように、どちらか一方だけの場合とがある。前者のように表現と構成の両方を問う形式では、四択から一つを選ぶものが多く、それぞれの選択肢の分量はだいたい一行ちょっととそれほど長くない。後者の形式では、選択肢の数がやや増え、各選択肢の分量も三行ほどと長くなる傾向がある。なお、二〇一五年度は選択肢が八つもあり、そこから正解を二つ選ぶという形だが、それぞれの選択肢は一行ちょっとと比較的短いので、設問全体として読む量は例年とそれほど変わらない。また、二〇一一年度（鷲田清一「身ぶ

り の消失」）では「引用の意図」、すなわち問題文中の引用文と筆者の主張との関係を問うものが出題されたが、このタイプは古文や漢文でも見受けられる。

では具体的にどのような形で出題されるのか。設問パターンに応じていくつか例を挙げていこう。ここでは選択肢のみを挙げたので、過去問を入手して問題文全文に目を通しておいてほしい。

（1）問題文中の表現についての問題

例(1)　二〇二一年度　本試験　鷲田清一「身ぶりの消失」　問6

(i)　波線部Xの表現効果を説明するものとして最も適当なものを、次の①～④のうちから一つ選べ。

① 議論を中断し問題点を整理して、新たな仮説を立てようとしていることを読者に気づかせる効果がある。

② これまでの論を修正する契機を与えて、新たに論を展開しようとしていることを読者に気づかせる効果がある。

③ 行き詰まった議論を打開するために話題を転換して、新たな局面に読者を誘導する効果がある。

④ あえて疑問を装うことで立ち止まり、さらに内容を深める新たな展開に読者を誘導する効果がある。

解答　④

※(ii)は、引用の意図を問う問題（四択から一つ、省略）

問題文中のやや特殊な表現を取り上げて、その表現によってもたらされる効果について問うものである。といってもその「効果」の内容は、広く言えばいろいろと考えられるので、まず**選択肢にとりあえず目を通し、出**

題者がその「効果」をどのような観点から説明しようとしているか把握する必要がある。すると、①「問題点を整理して、新たな仮説を立てよう……」とか、④「立ち止まり、さらに内容を深める新たな展開に……」など、前後の文脈に重点を置いてその「効果」を説明していることがわかる。この文章の場合、波線部Xは「中身?」という前の段落中の一語を繰り返した言葉で一段落になる箇所に引かれているのだが、直後の段落冒頭に「この言葉を……」と指示語があり、波線部の前後で「中身」を話題にしていることがわかる。いわばこれから問題にするキーワードを改めて提示しているのである。そこで選択肢を検討すると、①は、筆者は「新たな仮説を立てよう」などとしていないので、この点で消去できる。②は「これまでの論を修正する契機を与えて」がおかしい。筆者は「中身」についての話を修正しようとはしていない。③は波線部の前後で話題は転換していないので、「話題を転換して」がおかしい。このように①・②・③が消去できるので、残った④が解答となる。

例(2)　二〇一四年度　本試験　齋藤希史『漢文脈と近代日本』問6

(i)　この文章の表現に関する説明として最も適当なものを、次の①〜④のうちから一つ選べ。

①　ある程度の長さの段落と段落の間に、第2、第5、第9段落のように、読み手に問いかけるような、一文のみから成る短い段落をはさむことにより、論理の展開に緩急のリズムが付き、読み進めやすくなっている。

②　「やや極端な言い方ですが」（第1段落）、「逆に言えば」（第6段落）、「正直に言えば」（第17段落）などの表現により、それぞれの前の部分と、それに続く部分との関係があらかじめ示され、内容が読み取りやすくなっている。

③　第1、第3、第4、第7段落などにおいて、その最後の文が「〜のです」という文末表現で終わる

ことにより、それぞれそこまでの内容についての確認・念押しが行われ、次の話題に移ることが明らかになっている。

❹「です・ます」という優しい調子の書き方の中に、「漢籍を待たずとも」（第４段落）、「文武両道なるものは」（第15段落）などの学術的な言い回しも交えることにより、内容に見合う観念的なスタイルが確保されている。

解答　❷

※(ii)は、問題文の構成を問う問題（四択から一つ、省略）

問題文のある部分の表現を取り上げて、その説明の当否を問うものである。このタイプは**問題文の該当箇所を一つ一つ照らし合わせなければならず**、解答に手間と時間がかかる。ただ問題自体はそれほど難しいものではないので、焦らず丁寧に問題文と照らし合わせて、各選択肢の説明に間違っている箇所はないか考えていこう。

たとえば❶は、具体例として挙げられている第２、第５、第９段落が「読み手に問いかけるような、一文のみから成る短い段落」かどうか、つまり**挙げられている例がその説明にふさわしいか**どうかをチェックする（ちなみに問題文では第９段落が「一文のみから成る」ものの、「問いかけ」ではない）。後半の説明はそれほど間違っていない。

❸も同じやり方である。例として挙げられているのは、第１、第３、第４、第７段落の文末表現だが、その表現が「そこまでの内容についての確認・念押し」で「次の話題に移ることが明らかになっている」かをチェックする（ちなみに問題文では第３段落の末尾が「〜のです」で終わるものの、「確認・念押し」ではない）。

❹は、「観念的なスタイル」が着眼点。「観念的なスタイル」とは、比喩や具体例を使わずに、ひたすら抽象的に書かれている文章のことである。問題文を一読すれば、この説明がおかしいことにすぐに気づくだろう。この

年の問題文は、漢籍が中国や日本の江戸時代の武士の基礎的な教養を形作ったという内容で、「内容」としては「観念的」とも言えるのだが、ここは文章の「スタイル（書き方）」の説明である。「内容」と「スタイル」を混同しないようにしてほしい。

（2）文章構成を問う問題

例(3)　二〇一三年度　本試験　小林秀雄「鐔」問6

※(i)は、問題文の二箇所の傍線部に共通する表現の特徴を問う問題（四択から一つ、省略）

(ii)　この文章は、空白行によって四つの部分に分けられているが、その全体の構成のとらえ方として最も適当なものを次の①～④のうちから一つ選べ。

①　この文章は、最初の部分が全体の主旨を表し、残りの三つの部分がそれに関する具体的な話題による説明という構成になっている。

②　この文章は、四つの部分が順に起承転結という関係で結び付き、結論となる内容が最後の部分で示されるという構成になっている。

③　この文章は、それぞれの部分の最後に、その部分の要点が示されていて、全体としてはそれらが並立するという構成になっている。

④　この文章は、人間と文化に関する一般的な命題を、四つの部分のそれぞれ異なる個別例によって論証するという構成になっている。

解答　①

文章の内容ごとのまとまり（意味段落）の関係を問う設問である。この設問では意味段落の区切りは空白行によって明確なので、選択肢を検討するポイントは、それぞれの部分の内容を説明している箇所となる。各選択肢の説明を問題文と照らし合わせて、「確実におかしい」ことが述べられているものを消去していけばよい。

まず①だが、これだけでは当否の判断はつきにくい。よってとりあえず①を保留する（概して選択肢問題の場合、①の選択肢はとりあえず目を通す程度にして、早急に判断を下さない方がよい。というのも①の選択肢は、受験生をワナにはめようとする「引っかけ」選択肢なこともあるからだ）。

次に②を見ると、「四つの部分が順に起承転結という関係で結び付き」とある。そこで各段落が起承転結の関係になっているか確認していけばよい。こういう時には「転」の部分に着目する。というのも話題の転回は比較的わかりやすいからである（ちなみに問題文では第二の部分も第三の部分も「鐔」の話で、話題は転回していない）。

③の着眼点は、「それぞれの部分の最後に、その部分の要点が示され」という点だ。それぞれの部分の最後を見て、内容を要約したような要点らしきものが書かれているかチェックすればよい。

④のポイントは「論証する」という点だ。「論証」とは、根拠を挙げて自説を展開していくことなので、各段落がそのように書かれているか確認すればよい。

この設問の場合、②・③・④の選択肢の説明は、それぞれ決定的におかしい点があるので、保留していた①を、この中では一番まともな説明だと考えて正解とする。

例⑷　二〇一二年度　本試験　木村敏「境界としての自己」問6　※選択肢①・②は省略

この文章の論の展開に関する説明として最も適当なものを、次の①～⑤のうちから一つ選べ。

③　まず、すべての生きものが、その環境との境界面で、環境との最適な接触を維持することによって

生命を保持している、との結論を明示している。つぎに、冒頭の結論を個体と集団との場合にあてはめて検証する。最後に、個体と環境との境界における生命の営みの観察を説明することから冒頭の結論へと再び立ち戻っている。

④まず、環境との境界面における生命維持の営みについて、個体と集団それぞれの場合を対象として考察している。つぎに、他の生物に比して人間の場合は、自己意識の存在が集団と個体との関係を難しくしている、と指摘する。最後に、人間の自己意識は境界を意識するところに生まれ、そこに生命の営みがある、という結論に導いている。

⑤まず、環境との境界面における生命維持の営みについて、その境界には何があるのかという問題を提示している。つぎに、その問題を一般化するために自己意識の存在に着目する。最後に、「私」をはじめ「われわれ」人間、さらにすべての生きものにおける生命の営みは、境界と言われる場でしか十全な形にはなりえない、と結論づけている。

解答　④

この設問のように各選択肢が長い場合、各選択肢を効率よく吟味することが必要になる。そこでまず各選択肢を大まかに見てみると、「まず…」、「つぎに…」、「最後に…」の三つの内容が書かれていることを確認できる。そして**選択肢をヨコに見て**、「まず…」の部分なら、各選択肢の「まず…」の内容だけを検討するとよい。

③まず……、つぎに……、最後に……
④まず……、つぎに……、最後に……
⑤まず……、つぎに……、最後に……

この時着眼するポイントは**最後の部分**（「最後に……」）である。最後の部分は場所も特定しやすいし、筆者が最後に何を言っているかは比較的わかりやすいからだ。とくにこのような評論文では、結論がしっかり書かれている場合が多いので、いわばこの文章の結論の説明としてふさわしいものを選べばよいのである。手順としては、まず「最後に……」の説明として不適切なものを落とし、残った選択肢の「まず……」部分か「つぎに……」部分を検討して、説明として間違っているものを落としていけばよい。

選択肢に二つとか三つの内容が書かれている場合、一つ目の説明は微妙な表現が多く、決め手に欠ける場合がある。したがって**一つ目の説明はとりあえず目を通す程度にして、内容が二つなら二つ目、三つなら三つ目に着目して当否を検討した方がよい**。つまり選択肢を後ろから考えていくのである。

3　文学的文章（小説・第2問）

二〇一三年度（牧野信一「地球儀」）に見られるように、**「表現の特徴の説明」の当否**を問う設問が多く出題されている。二〇一〇年度（中沢けい『楽隊のうさぎ』）や二〇一一年度（加藤幸子「海辺暮らし」）は「叙述の説明」となっているが、表現の特徴を問うものと考えてよい。選択肢六つから「適当なもの」を二つ選ぶという形が多く、一つは簡単に選べるが、もう一つはやや難しいものが含まれていることが多い。各選択肢では、問題文のある部分や場面の表現を別々に取り上げていて、字数も二行から三行と比較的長い。また選択肢の文章は、表現の効果などに限定したものから、全体の構成、登場人物の心情、登場人物の関係、さらには問題文全体の読解と関連したものなど、様々な角度から説明されているので、やや難しいと感じるだろう。前にも述べたが、解答を出す時に自分の「理解」が先立ってわけがわからなくなることが多いので、自分を「無」にするぐらいの気持ちで割り切って、出題者の説明に「どこかおかしな箇所はないか」と、説明の良し悪しだけを判断してほしい。

例⑸　二〇二二年度　本試験　井伏鱒二「たま虫を見る」問6

この文章における表現の特徴の説明として適当なものを、次の①〜⑥のうちから二つ選べ。

① 過去の回想として描かれた各部分の内部は、まず語り手が出来事の概略を述べ、次に登場人物の私に寄り添ってその視点からそれぞれの出来事を主観的に語るという手法をとっている。

② 11行目以降は、小学生時代、大学生時代、無職時代、校正係時代における私の「悲しいとき」の状況を、羽根の色が幸福のシンボルとされるたま虫との関わりを通して描くという構成になっている。

③ 88行目の「私はゲラ刷りの綴針をぬきとって、彼を標本みたいに電信柱にとめつけた」という描写には比喩表現が用いられていて、たま虫に自分自身の境遇を投影する私の心境が効果的に描き出されている。

④ 89行目と90行目で「生きているように」と繰り返すことで、死んだように生きていると感じている私と比べ、より生き生きとして見えるたま虫の様子を明示的に表している。

⑤ 94行目からの最終場面で四回繰り返して述べられている「水をのむ」ことは、たま虫が粉末になったことと対比されていて、たま虫の乾いた死を引き合いに出して、みずみずしさを保っている私の生を強調している。

⑥ 幸福についての私の考え方の変化を、96行目からの「たま虫のことを忘れて」「醜悪な粉末となっているのを発見し」「その粉末を窓の外にふきとばした」という一連の描写を通して象徴的に表現している。

解答　②・③

補章

文学的文章の国語表現の問題は、各選択肢の説明の角度が違うので、**選択肢一つ一つにポイント**がある。

①は**叙述の手法**に焦点を当てた説明。問題文を読み、各部分の最初に概略が述べられているか確認すればよい。

②は**全体の構成**と関連させたもの。このように構成を問う場合、着眼点は各部分の分け方が適切か（傍線部）という点と、その各部分の内容の説明が適切か（波線部）という二点になることが多い。この選択肢では、各部分の分け方は間違っていない（ちなみに問題文では、それぞれの部分は空白行で分けられている）し、各部分の内容の説明も問題文の内容と一致する（この選択肢に限れば、消去法でなくても解答が出せるだろう）。

③は問題文中の**比喩表現**についての説明。「効果的に」という説明が気になるが、ここだけで「間違い」と判断せず、他の選択肢の検討が終わるまでとりあえず保留しておく。表現の効果の説明は、あくまでも出題者の考えによるものなので、あなた自身の考え（そう思う、またはそう思わない）に基づいて判断しないようにしよう。

④は**繰り返し表現**に焦点を当てた説明だが、後半の「たま虫」に関する説明がおかしい。問題文には主人公と「たま虫」をこの選択肢のように比べる描写はないのである。

⑤は問題文中の**対比表現と文章全体のテーマ**を関連させた説明。選択肢の後半部分が解答の決め手となり、問題文全体を通じて、主人公の心情と「たま虫」の関係がどのように描写されているかを読み取る必要がある。また、問題文で主人公の生活が「みずみずし」く、（＝活気にあふれたものとして）描写されているかを考えればよい。前半の対比の説明がもっともなことを述べているだけに、後半部分の検討が甘くなりがちになってしまうので注意したい。

⑥は**象徴表現**に焦点を当てた説明だが、これも**全体のテーマ**と関連している。この選択肢は、④の選択肢とは逆のパターンで、後半の説明（「96行目」からの以下）に限れば間違っていないが、選択肢の冒頭の部分「幸福についての私の考え方の変化を」がおかしいというものである。ここでは主人公の「幸福に対する考え方」が「変化」したかどうかを問題文から読み取る必要があり、一種の読解問題である。ちなみにこの問題文では、「た

ま虫」は主人公が不幸な時に現れるという内容で、さらに問題文の最後では「今度たま虫を見ることがあるとすれば、それはどんな時だろう——私の不幸の濃度を一ぴきずつの昆虫が計ってみせてくれる。」という主人公の独白がある。これらから、主人公の「幸福についての考え方」は「変化」せず、一貫していると考えられるので、この選択肢の説明は間違っているとするのである。

このように、文章全体の読解とかかわる選択肢が多いのが文学的文章での国語表現問題の特徴である。したがって、表現と絡めた○×式の読解問題が六つ並んでいると考えてもよいだろう。

例(6)　二〇一四年度　本試験　岡本かの子「快走」問6

この文章は、第一場面（1行～47行）、第二場面（49行～55行）、第三場面（57行～119行）、第四場面（121行～145行）の四つに分けられる。四つの場面の表現に関する説明として適当なものを、次の①～⑥のうちから二つ選べ。

① 第一場面では、母親の心情が37行目の「母親の声は鋭かった。」のように外部の視点から説明されているが、道子の心情は24行目の「よし……思い切り手足を動かしてやろう」のように、心内のつぶやきのみで説明されている。

② 第二場面では、母親の問いかけに対し、道子が倒置法の返答をしている。この不自然な返答とその直後の兄の誇張した言い回しが母親の不審を呼び、第三場面以降の話が急展開する。

③ 第三場面後半の父親と母親の会話には「まあ」という言葉が三回出てくる。この三つの「まあ」はその直後の読点の有無に違いがあり、読点のあるものは驚きの気持ちを表し、読点のないものはあきれた気持ちを表している。

④　第一場面終わりと第四場面半ばの道子が堤防を走るシーンは、勢いよく走り出す様子を描くのに直喩を用いたり、情景を描くのに色彩表現を用いたりして、イメージ豊かに表現されている。

⑤　5行目までの兄との会話に見られるように、道子の台詞は、四つの場面を通じて、家族からの問いへの応答から始まっている。これは家族と関わりあいを持つことについて、道子が消極的であることを表している。

⑥　第一場面から道子に焦点を当てて描かれていた話が、第三場面途中から夫婦に焦点を当てて描かれ始める。このことは、第四場面終わりで、両親を示す表現が「父親」「母親」から「夫」「妻」へ変化することではっきり示されている。

解答　④・⑥

この設問も、いろいろな角度から選択肢が作られている。

①は**表現の方法**に焦点を当てた説明。書かれている内容は二つだが、「二つ目」の内容に着目し、問題文の該当箇所と照らし合わせて、選択肢の説明通りになっているか（道子の心情がすべて「心内のつぶやきのみ」で説明されているか）確認すればよい。

②は**表現と問題文の内容**を絡めた説明。この場合は、まず問題文の内容と一致しているか（母親の不審を呼んだ原因が道子の返答や兄の発言にあったかどうか）を確認すればよい。また前後の文脈から見て「不自然」とか「急展開」という説明も極端である。国語表現の設問にはこのような「極端な」言い回しがよく出てくるのだが、解答の際には、それだけで判断せずにもっと明らかな間違いに基づいて判断した方が無難だろう。

③は**表現と登場人物の心情**を関連させた説明。これも問題文と照らし合わせて、説明がすべての事例にあてはまるか検討すればよい。

④は**描写表現**についての説明。問題文とも対応しているし、比喩や色彩表現が「イメージ豊か」であるという説明も間違っているとは言えない。

⑤は**会話から考えられる登場人物の性格や心理**を説明したもの。選択肢の前半を問題文と照らし合わせよう。また、道子が家族と関わりあいを持つことに「消極的」かどうか、全体の内容から考えてもよい。

⑥は**表現と全体の構成**を関連させた説明である。

例(7)　二〇一五年度　本試験　小池昌代「石を愛でる人」問6

この文章の表現に関する説明として適当なものを、次の①～⑥のうちから二つ選べ。

① 「愛石家」という語は、3行目から29行目まで一貫して「アイセキカ」とカタカナ表記である。3行目と4行目の「アイセキカ」はわたしが意味を取れずに音だけ理解したことを示しており、これ以後の「アイセキカ」は漢字表記の「愛石家」の意味に限定されないことを表している。

② 山形さんについては一貫して「山形さん」という表記がなされ、わたしの名前については48行目で「こいけさん」というひらがな表記がなされている。48行目の「こいけさん」は、ここでの山形さんの語りかけが、わたしの後悔を他人事として突き放すような、投げやりなものであることを表している。

③ 63行目の「小石ども」の「ども」は、通常、名詞の後ろに付いてそれを見下す気持ちを表す。この場面で「小石」に「ども」を使用しているのは、わたしが子供の頃、石を好き勝手に扱ったことを受けており、他人が拾った「小石」を軽んじる気持ちが生じたことを表している。

④ 98行目には「こんな目を山形さんは持っていたのだろうか」、99行目には「こんな目を山形さんはしていたのだろうか」と、類似の表現が連続して出てくる。これはわたしが山形さんに徐々に惹かれて

補章

いくにつれて、石からは次第に心が離れつつあることを表している。

⑤　77行目以降最後まで、山形さんとわたしが発する言葉には、カッコで示されるものとカギカッコで示されるものがある。カッコを使うものはわたしの思念や、わたしが山形さんの思念を推測したものを表しているが、カギカッコを使うものはわたしにはっきり届いた声であることを表している。

⑥　114行目の「サックスとピアノの音が、あふれるように、外へ流れ出た」に使われている「あふれる」「流れ出る」という動詞は、通常「サックスとピアノの音」のような主語には使われないものである。ここではこれらの動詞を「音」に対して使うことによって、詩人であるわたしの表現技巧が以前と比べて洗練されたことを表している。

解答　①・⑤

二〇一五年度は選択肢が長くなり、例年のような表現と読解を絡めたもの（②・④）、表現の持つ意味（①・⑤）に加えて、③や⑥の選択肢のように「通常……」と、**語法についての説明**が加わっているものがあった。このような選択肢の場合、語法についての前半の説明に深入りせずに（実際、決め手にはならない微妙な説明である）、後半の説明が間違っているかどうかを検討すればよいだろう。ちなみに正解の①の選択肢、「漢字表記の『愛石家』の意味に限定されない」という箇所が少しわかりにくいが、漢字で「愛石家」と書けば、単に「石を愛する人」という意味だけになるが、それにとどまらないいろいろな意味やニュアンスを込めて「アイセキカ」と表している、ということである。

4　まとめ

国語表現の問題は、出題者の解釈に基づいた「説明」の中で、もっともマシな説明を選ぶものである。問題文と照らし合わせて「間違った説明」になっているものを切っていく消去法を有効に活用していこう。ただし、物理的に時間と手間がかかるので、表現問題にあてる時間を十分に残しておきたい。また設問の最後ということもあって、疲れて集中力が欠けやすい。最後まで集中力を維持できるよう、しっかりトレーニングしておこう。

（「補章」執筆　島田健太郎）

ハイスコア！共通テスト攻略　国語 現代文　新装版

2019年7月10日　初版第1刷発行
2020年3月10日　改訂版第1刷発行
2021年7月10日　新装版第1刷発行
2021年9月20日　新装版第2刷発行

編者　Z会編集部
発行人　藤井孝昭
発行　Z会
〒411-0033 静岡県三島市文教町1-9-11
【販売部門：書籍の乱丁・落丁・返品・交換・注文】
TEL 055-976-9095
【書籍の内容に関するお問い合わせ】
https://www.zkai.co.jp/books/contact/
【ホームページ】
https://www.zkai.co.jp/books/
装丁　犬飼奈央
印刷・製本　日経印刷株式会社
DTP　株式会社 デジタルプレス

ISBN978-4-86531-420-5 C7081

Z-KAI

ハイスコア！

共通テスト攻略

国語 現代文

新装版

別冊解答

模擬試験 論理的文章 1

解　答

（50点満点）

設問	解答番号	正解	配点	備考	自己採点
1	1	③	2		
	2	②	2		
	3	⑤	2		
	4	③	2		
	5	①	2		
2	6	②	8		
3	7	④	8		
4	8	①	8		
5	9	②-③	8（各4）	＊1	
	10				
6	11	③	8		

＊1　－（ハイフン）でつながれた正解は，順序を問わない。

合計点	

模擬試験　論理的文章１

【知識事項】

問１　まずは知識事項から解答を考えていこう。漢字問題は国語の入試では必須であり、基本的には「同音異字」「同訓異字」の識別が問われる。以下に、それぞれの漢字を挙げるので確認してほしい。

(ア)　**狭**い　①＝酔狂　②＝妥協　③＝偏**狭**　④＝峡谷　⑤＝供述

(イ)　**携**帯　①＝警鐘　②＝**携**行　③＝経由　④＝恩恵　⑤＝傾倒

(ウ)　浮**遊**　①＝余裕　②＝優美　③＝勇壮　④＝憂慮　⑤＝吟**遊**

(エ)　**周**期　①＝終焉　②＝衆目　③＝**周**到　④＝報酬　⑤＝執着

(オ)　抑**揚**　①＝高**揚**　②＝滋養　③＝寛容　④＝凡庸　⑤＝動揺

【問題文】

渡邊淳司『情報を生み出す触覚の知性　情報社会をいきるための感覚のリテラシー』（ＤＯＪＩＮ選書・二〇一四年）の一節。筆者は一九七六年生まれ。視覚・触覚の知覚メカニズムや、感覚の言語表現の研究を行っている。

【出題の「仕掛け」】

問題文は、「触覚」の特質について他の身体感覚と対比しつつ論じたものであり、大きく四つの部分に分けられる。

①**触覚の定義**（第一段落）
・**体性感覚＝皮膚感覚＋自己受容感覚**
②**触覚が生み出される過程**（第二段落～第四段落）
・**受容器→神経→脳**
③**触覚のはたらき**（第五段落～第十一段落）
・**環境にある物体の性質の把握**
・**感情への影響**
・**自分の身体の存在や他者との関係の確認**
④**触覚と情報認知やコミュニケーション**（第十二段落～最終段落）

・**触覚はどちらかというと補助的な役割を担うものと考えられている**

四つは相互に関連しているものの、それぞれ独立した内容になっており、本文中の図表について言及している箇所も明確であるため、**【戦略Ⅱ】**で対処することも可能ではある。しかし、**問2**や**問5**、**問6**などは文章全体の趣旨を把握してから解いた方が確実である。その意味では**【戦略Ⅰ】**が有効だといえる。

問2　第一段落における「体性感覚」「皮膚感覚」「自己受容感覚」の説明をつかむ。7〜8行目を見ると、**「体性感覚」とは皮膚感覚と自己受容感覚を合わせた、身体で感じる感覚一般を指す**ことがわかる。このうち「皮膚感覚」とは、皮膚を物体に接触させることによって感じるものであり、これを通じて**表1**にあるような、圧力、振動、小さな形状、摩擦、温度などを知ることができる。一方で「自己受容感覚」とは、自己の身体部位の位置や、筋肉や腱の状態を感じる感覚である。

解法のコツ⑦……キーワード「体性感覚」「皮膚感覚」「自己受容感覚」に注目

以上を整理すると次のようになる。

「体性感覚」——**身体で感じる感覚一般**
=
「皮膚感覚」——**皮膚を物体に接触させることによって感じるもの（圧力、振動、小さな形状、摩擦、温度など）**
+
「自己受容感覚」——**自己の身体部位の位置、力、状態に関する感覚**

さらに、触覚（＝「体性感覚」）について「このように触覚は、生きていくうえで欠くことのできない感覚といえます（ℓ121〜122）」と記されているように、筆者は、

「皮膚感覚」と「自己受容感覚」の両者を含む「体性感覚」は、人間が生きていくうえで不可欠の感覚である

と指摘している。これらをすべて満たしている選択肢は②。

①は「自己受容感覚を基準として……皮膚感覚が機能する」が誤り。自己受容感覚が皮膚感覚の基準であるとの記述は本文中にはない。

③は「情報認知のための自己受容感覚」が誤り。筆者は第十二段落以降で情報認知における触覚の機能について言及しているが、これを自己受容感覚に限定してはいない。

④は「体性感覚は感覚全般を指す」が誤り。あくまでも「皮膚感覚と自己受容感覚を合わせて、身体で感じる感覚一般（ℓ7〜8）」が「体性感覚」なのであり、視覚や聴覚や嗅覚や味覚などを合わせた感覚（五感）全般を指しているわけではない。同様の理由で、選択肢後半の「五感を総合して自らの位置や力を把握する自己受容感覚」も誤り。

⑤は「脳で処理される自己受容感覚」が誤り。第三段落・第四段落で指摘されているように、触覚は、皮膚や筋肉や腱の中にあるセンサーからの信号が脳に伝えられることで生み出される。これには、自己受容感覚も含まれている。

↓正解［②］

問3　**図1**は、「脳の中で触覚の処理を行う『体性感覚野』と呼ばれる部位の『感覚の地図』（ℓ28〜30）」であり、「感度が高い身体部位ほど大きな面積」を占めていることがわかる。**図2**の「感覚のホムンクルス」は、**図1**の「感覚の地図」に合わせて再構成された身体像であり、さらに**図3**は、「皮膚の中にある……受容器を示したもの（ℓ47〜48）」である。この受容器については、第二段落から第三段落にかけて「触覚は……センサーが体中の皮膚に存在し、身体部位によってその感度が大きく異なります（ℓ13〜14）」、「二点弁別の感度が高いところは、触覚のセンサー（受容器）が多く……二点弁別の感度が高い身体部位ほど脳の中で処理が行われる面積が大きいということになります（ℓ20〜27）」とある。

解法のコツ⑨……各図の内容を言い換えている箇所に注目！

以上の内容を整理すると、

図３――**皮膚の中の受容器**
↓二点弁別の感度の高いところに多い
←脳に伝えられる
図１――**「感覚の地図」**
↓感度の高い身体部位ほど面積が大きい
←人間の形に再構成する
図２――**「感覚のホムンクルス」**
↓感度の高い身体部位が大きく描かれている

となる。これに合致する選択肢は④。

①は、脳が発信した情報を受容器が受け取る、という内容になっている点で誤り。右で説明したように、本文では、受容器からの信号が脳に伝えられて処理されるとある。

②は皮膚内部の受容器を「物理的な世界の触覚に関わる」としている点が誤り。40〜41行目に「物理的な世界の触覚（皮膚の面積など）」とあるように、物理的な世界の触覚とは、実際の人間の身体構造や皮膚の面積のことを指している。

③は「**図３**は、皮膚の表面部に近いほうが受容器が多く感度が高い」が誤り。**図３**は皮膚内部の触覚の感覚受容器を表したものであるが、「異なる皮膚変形に反応する特性をもつ（ℓ55）」ものであって、必ずしも表面ほど感度が高いということではない。

⑤は「**図２**は、脳で処理する情報量が……視覚的に表現した」が誤り。受容器からの信号が脳に伝えられて処理されるのであり、脳が処理する情報と受容器が処理する情報との差異を**図２**が示しているわけではない。

↓正解　[④]

問４　**図４**については第九段落と第十段落で説明されている。「アイソレーション・タンク」内部にいる人は、「皮膚表面の感覚がほとんど感じられなくなります……さらに……視覚、聴覚、触覚の入力がすべてなくなります（ℓ109〜111）」とあることから、**〈日常生活における感覚（五感）を感じられていない状態〉**にあることが確認できる。その結果、「自分の身体が消えてなくなるような感覚」になっているのである。さらに、113〜114行目に「自分の身体の境界がすべてなくなったときに感じる浮遊感や、ある種の開放感」とあることから、タンクの内部にいる人間は、

日常生活における感覚が失われて自分の身体の境界がすべてなくなったように感じ、開放感をおぼえる状態

にあることが理解できよう。これと合致するのは①。

②は「生命の危機を感じている」が誤り。触感や痛みを感じない場合には「自身の身体が危険な状況にある……ことすら察知できません（ℓ120〜121）」とあり、矛盾する。

③は「孤独を感じている」が、先に確認した「開放感」と一致しない。

④「自分の身体がタンク全体に拡充しているように感じている」は全体的に誤り。タンク内部の人間は、自身の身体の境界がなくなったようには感じているが、身体が拡充しているように感じているわけではない。

⑤は「自分自身の存在を再確認している」が誤り。これに該当する記述は本文にはない。

→正解［①］

問5　本文では、触覚の特徴を他の感覚と比較しながら論じている。内容を整理しよう。

解法のコツ⑦……全体のキーワード「触覚」について、他の感覚との対比に注意して読む！

> **視覚や聴覚**
> ・非接触の対象の認知を目的とする「非身体的で遠隔の」感覚
> ・情報認知や言語によるコミュニケーションにおいて（文字や音声の認識など）中心的な役割を担う
>
> ↔
>
> **触覚**
> ・接触によって対象を把握する「身体的で直接の」感覚
> ・情報認知や言語によるコミュニケーションにおいて補助的な役割を担う

右の対比が成り立つ。各選択肢と読み比べると、②「遠隔にある（＝非接触の）対象を、身体の特定の器官を通じて把握する」、③「文字や音声の認知などの役割を広く担う」が適切。

①は「言語に限定して活用される」が誤り。視覚や聴覚は非接触の対象の認知を目的とするものであり、言語だけに用いられるものではない。

④は、本文には明示されていない内容のため誤り。

⑤は「感情に訴えかけるものではなく」が、131行目の「声の抑揚で感情を表す」と反するため誤り。

⑥は、第六段落全体の内容から、触覚の特質といえる。

→正解［②・③（順不同）］

問6　「触覚」は文章全体のキーワードのため、これに関する筆者の主張を正確に把握したい。また、情報認知やコミュニケーションについては第十二段落以降で詳述されているので、この部分に注意しよう。

解法のコツ⑦……全体的なキーワード「触覚」と、情報認知やコミュニケーションに関する記述に注意して読む！

文字や音声とは異なり、触覚に基づく言語記号は特別な方式に限られているため、**問5**で確認したように、**触覚は情報認知や言語によるコミュニケーションにおいて補助的な役割を担っているにすぎない。**つまり、

> **触覚は別の何かを指し示すという言語記号としては十分に機能していない**
> ↓
> **触覚は情報認知や言語によるコミュニケーションにおいて補助的な役割を担っている**

という限界があるのだ。これに合致する選択肢は③。なお、前半部分の「触覚は触れる側の強い意識が込められるものであり」は、第五段落の「誰かの身体に触れる、誰かに身体を触れられるという体験は……触れた側、触れられた側の両方に強い感情の変化を生み出します」を言い換えた内容である。

①は「自分自身と接触していない対象への伝達が不可欠」が限界の説明として誤っている。それゆえ、「遠隔地に触感を伝える研究の進展が望まれる」という意見も妥当ではない。さらに、前半部「触覚は視覚や聴覚に比べてはるかに複雑な情報を伝達する」も、本文の趣旨と合致しない。

②は、点字や指点字を理解する者が少ない、という内容を課題にしている点が誤り。筆者は、言語記号が点字や指点字に限られていることを限界として挙げているのであり、理解者が少ないことを問題としているわけではない。

④の後半部は、〈触覚の受容の仕組みや脳の構造の解明によって、触覚による情報認知やコミュニケーションを実現することができる〉という内容になっている。しかし筆者は、情報認知と触覚の受容の仕組みや、脳の構造の解明などを関連づけてはいない。

⑤の「触覚による情報認知やコミュニケーションに対する一般の人々の関心が低いという現状」は、本文では言及されていない内容なので誤りである。

↓正解［③］

模擬試験 論理的文章２

解　答

（50点満点）

設問	解答番号	正解	配点	備考	自己採点
1	1	①	2		
	2	⑤	2		
	3	②	2		
	4	⑤	2		
	5	①	2		
2	6	②	8		
3	7	①	8		
4	8	③	8		
5	9	④	8		
6	10 11	①-⑥	8 （各4）	＊1	

＊1　－（ハイフン）でつながれた正解は，順序を問わない。

合計点	

模擬試験　論理的文章２

【問題文】

出典は小浜逸郎『なぜ人を殺してはいけないのか』（洋泉社新書・二〇〇〇年）の一節。小浜逸郎は一九四七年生まれの批評家。家族論・学校論などを中心に幅広い評論活動を展開している。『学校の現象学のために』（大和書房）・『子どもは親が教育しろ！』（草思社）・『「弱者」とはだれか』（ＰＨＰ新書）など多数の著作がある。

【出題の「仕掛け」】

この文章では、指示語や接続語、あるいは例示の語句が多用されており、したがってそれらを忠実に追えるか否かにウエイトを置いた設問が比較的作りやすい。実際、この各設問も、**傍線部分に関わる指示語・接続語等を追っていくことから選択肢の絞り込みができる**ように意図している。

【戦略Ⅱ】を使って解くのが得策だっただろう。

【知識事項】

問１　問題文を読む前に、まずは知識問題に取り組む。基本的には同音異字の問題であるが、この設問の(ア)・(ウ)のように、訓読みに関わる出題も時折見られるので注意が必要だ。

(ア)　**譲**らず　①＝委**譲**　②＝浄財　③＝醸造　④＝余剰　⑤＝土壌

(イ)　**遂**行　①＝垂直　②＝邪推　③＝衰弱　④＝睡魔　⑤＝完**遂**

(ウ)　**報**われ　①＝奉公　②＝**報**告　③＝同胞　④＝放送　⑤＝法律

(エ)　体**系**　①＝経営　②＝契約　③＝経歴　④＝大計　⑤＝**系**統

(オ)　射**程**　①＝**程**度　②＝裁定　③＝豪邸　④＝丁寧　⑤＝諦念

問２　傍線部分に言う「こういう場合」とは、直接には直前に出ている具体例「たとえば、何時何分のバスに乗り遅れまいと思ってバス停に急いでいる時」を指している。ただしこれは、さらに前段落の「それらが比較的短時間、短距離の範囲に枠づけられていて、それ自体としては断片的で瑣末な行動や表現である場合」（ℓ13〜14）の一例として出されているものである。

解法のコツ⑧……「こういう場合」の指示内容を確認！
「行動や表現が比較的短時間、短距離の範囲に枠づけられていて、それ自体としては断片的である場合」

そこまで押さえてから選択肢群に目を移すと、②の「短時間・短距離の範囲に枠づけられている断片的で小さいことほど」というのが合致している。③・④の「関連」の問題や①の「観念」の問題は、この指示内容に関わらない。⑤は「枠」の性質に言及していない点で②に劣る。

↓正解［②］

問3　傍線部分に言う「何らかの理由」については、続く部分に**問2**同様、「バスに乗り遅れまいと懸命に走っている人」の具体例が挙げられている。そしてこの具体例をより一般化させる形で「このように、意味や目的の意識とは……関連づけることである」（ℓ36〜37）と述べられている。

「何らかの理由で」「行動や表現と、その向かう終局点との間の距離を」意識する
＝……《走りの過激な様子にふと疑いを抱いてしまった時／間に合って努力が報われたと喜ぶ時》
「ある行動や表現の外側に出て、それらをその終局点の見地から対象化し、他の行動や表現に関連づける」こと

この「**外側**」からの「**対象化**」ということをきちんと踏まえた選択肢を探していくと、①だけがこの文脈に適っている。⑤は前段落の内容に、②・③・④は次段落以降の内容にそれぞれ関連するものであり、この部分の文脈からは外れる。

↓正解［①］

問4　「意識の発達」ということの類似表現を追っていくことから解答は導ける。直後の一文が、この傍線部分に言

う「自己意識を極端に発達させた」ということの具体的な説明になっている点に注目。

解法のコツ⑨……「意識の発達」の類似表現を確認！

・「意識の次元を高次化させ」るということ
・「意識についての意識とか、感情についての意識といったものを獲得してしまった」ということ

この**「意識の高次化」→「意識についての意識」を獲得**ということを押さえている選択肢は③だけ。他の選択肢はいずれもこの点が外れている。

→正解 [③]

問5

解法のコツ⑧……「そこ」の指示内容を確認！

「『人生全体』といった包括的な観念に対してまで意味や目的を求めるに至っ」たこと（ℓ48）

それが「転倒」だというのなら、その「転倒」する前の状態は何だったのか……と考えて関連部分を追っていくと、傍線部**D**の直後に「そのつどの行動や表現をそのつどの意味や目的によってつなぎ合わせた連鎖の体系であるはずの『人生全体』の観念に……」の記述がある。この文の終わりが「のだ」になっていることにも注意。「……のだ」という言い方は「再確認」のニュアンスをもつため、傍線部**D**の内容を詳しく説明していると判断できる。この、**〈本来はそのつどのもの〉**(i)**→〈『人生全体』に観念を求めるようになった〉**(ii)という内容に合うものを探すと、(i)にあてはまっているのが③・④・⑤、(ii)にあてはまっているのが④だけである。

→正解 [④]

問6　ここまで解いてきた各設問の内容（とくに**問5**）の延長線上で解ける。

「意味」や「目的」はもともとは「そのつど」のものなのに、「人生全体」に「意味」や「目的」があるかのような意識的な「転倒」が起こった

というのが**問5**の趣旨であった。だとすれば、①はこうした「転倒」の説明として正しい。同様に⑥もその「転倒」

を「錯覚」として捉えている点で適切。④は逆。こうした「瑣末な場合」に意識される「意味」や「目的」こそが本来のものなのである。したがって②のように「人生全体の『意味』や『目的』を意識する」ことを求めていく必要もない。③・⑤は逆に「無意味」や「無目的」の意識について述べているが、これについての問題文中の記述は第二段落（ℓ8）に「このように、人は、ある行動や表現が……」以下に登場する。しかしながら、それは「所詮は他の行動や表現に従属している」ことを痛感することによって意識させられるものでもないし（⑤）、また、これを考えることで「人生の『意味』や『目的』がどこにあるのか」がよりクリアーに意識できるわけでもない（③）。したがって、これらも正解としては選べない。そもそも「人生」というものの「意味」や「目的」を考える、という発想自体がナンセンスだと筆者は言っているのである。

↓正解［①・⑥（順不同）］

模擬試験 論理的文章３

解　答

（50点満点）

設問	解答番号	正解	配点	備考	自己採点
1	1	②	2		
	2	②	2		
	3	⑤	2		
	4	④	2		
	5	①	2		
2	6	①	8		
3	7	③	8		
4	8	④	8		
5	9	③	8		
6	10	⑤-⑥	8（各4）	＊1	
	11				

＊1　－（ハイフン）でつながれた正解は，順序を問わない。

合計点	

模擬試験 論理的文章3

【知識事項】

問1　これまでと同様、知識問題を先に解いておこう。

(ア) **概**念　①＝蓋然　②＝**概**略　③＝該当　④＝弾劾　⑤＝感慨

(イ) 浮**薄**　①＝博識　②＝**薄**弱　③＝箔　④＝舶来　⑤＝迫真

(ウ) **水**路　①＝粋　②＝鼓吹　③＝出納　④＝麻酔　⑤＝**水**道

(エ) 堅**牢**　①＝家老　②＝廊下　③＝労働　④＝**牢**獄　⑤＝朗報

(オ) **広**義　①＝**広**域　②＝講義　③＝小康　④＝抗戦　⑤＝高度

【問題文】

出典は、池上淳・端信行・福原義春・堀田力編『文化政策入門』（丸善ライブラリー・二〇〇一年）の一節。河原和枝「文化と出会う…ファッション・文化・社会」の全文である。河原和枝は一九五二年生まれの社会学者。

【出題の「仕掛け」】

問題文として採った部分は、一つのまとまった論文の全文である。冒頭で「文化」を「もっと幅広く、衣食住を含む人間の生活全般に関わる概念」（ℓ2〜3）として捉えるべきだという提起がなされ、最終段落で「社会学や人類学のいう広義の文化は……」（ℓ70）とまとめている形になっている（したがって**問6**の⑥の選択肢から**【戦略Ⅰ】**的に対処していくことも可能である）。しかし、この文章の特徴として、**指示語の多用**が目立つ。また**それぞれの指示語の指示内容を捉えることが論旨の把握につながる文章**でもあり、指示語を含む部分を中心に設問を設けた。傍線部**A**「それゆえに」・**B**「その分節化のありよう」・**C**「そこ」・**D**「その文化」「そういう文化の作用」となっている点に注目。これらの指示語の指示内容を捉えることから部分説明の選択肢が選べる設問になっている。その意味では**【戦略Ⅱ】**が得策であろう。

問2

解法のコツ⑧……「それゆえ」の「それ」は「流行は浮薄である」を指している。(i)

また、傍線部分は「……のである」と再確認する言い方になっており、

> **《傍線部》「人と社会の関係の本質的な部分」**
>
> ＝
>
> **《前文》「流行には、……普遍化、同一化への欲求と……個別化、差異化への欲求という、人間の二つの基本的傾向を一つの行為の中で合流させる性質がある」（ℓ19〜21）**……(ii)

ということも読み取れよう。この(i)・(ii)を含んでいるか否かで選択肢を見きわめていけばよい。(i)を含むのが①・②・⑤、そのうちで(ii)をも含むのは①だけである。②は(ii)のうち「個別化、差異化」の方しか踏まえていない。

→正解 ①

問3

解法のコツ⑧……「その分節化のありよう」の指示内容を確認！

「民族や住む地域、宗教、年齢、既婚・未婚の区別、社会的地位、財産の有無、さらにはそれを着用した日が祝日か平日か」（ℓ26〜27）《前段落の具体例》

このことと「それほど厳密な区別はないにせよ」と直前にあることを考えあわせれば、ここで言う**「分節化」**とは**われわれが選ぶ衣服が、その社会の中での位置づけに関わってくる（そして「こういう衣服をまとうのはこういう人だ」というあり方が社会ごとに異なる）**……というふうに理解できよう。そこまで押さえてから選択肢群をみると、それを「社会的な属性」として捉えている③が最適である。①は近いが、これでは「社会」のあり方自体を問題にしていない（「社会の中でのその人」に焦点を絞っている）点で③に劣る。⑤は逆に「社会」のあり方についてだけで、「その服を選んだ人」が社会の中でどう位置づけられるかの説明が弱い。②は「記号」であることがどういう意味においてであるのかが説明不足。④は単なる一例でしかない。

「具体例を挙げる」ことと「具体的に説明する」こととはイコールではないので要注意。

↓正解 ③

問4

解法のコツ⑧……**「そこ」の指示内容を確認！**

「マス・ファッションの一着を、われわれはなぜか『自分らしい』『個性』を表す衣服だと感じて、選択する」（ℓ39〜40）

この「自分らしい」「個性」ということに関しては、すべての選択肢が言及している。一方、「マス・ファッション」についても問題文中の関連する記述を求めていく。

解法のコツ⑨……**「マス・ファッション」の同一・類似表現を確認！**

「つまりはマス・ファッションの中から、あるイメージを表すとされる衣服を選ぶよう、水路づけられてしまう」（ℓ48〜49）《傍線部分を含む段落の末尾》

「水路づける」とは〈流れを一定の方向に向ける〉ということ。また、この部分が「つまり」で始まっていることからすると、ここで言う「マス・ファッション」とは直前の「メディアの描くスタイルの文法」と同義であることも推測できる。**つまり（換言・要約の接続詞）＝同一・類似表現を導く接続語という点がポイントである。**

以上のように、**「マス・ファッション」＝「メディアによる水路づけ」**という内容が含まれているか否かで選択肢を検討していけばよい。「メディア」に言及しているのは④・⑤の二つ。ただし⑤は「生き方」について論じており、服の選択について述べている傍線部分の趣旨からは外れる。したがって、正解は④。

↓正解 ④

問5

解法のコツ⑧……**「そういう文化の作用」の指示内容を確認！**

「われわれの生活や行為に意味を与え、また暗黙のうちに生活や行為を方向づける働き」（p206ℓ70〜71）

要は**「意味」**と**「方向づけ」**である。この「意味」「方向づけ」に言及している選択肢は①・③のみ。②の「欲望」や④の「モデル」や⑤の「自分自身の位置」というのは、この点で的外れ。

①・③の見きわめに際しては、傍線部分が「認識することは必ずしも容易ではない」となっており、その理由が問われているのだ、という原点に戻ってみよう。①は「文化」とは何か、ということの説明に終始しており、これではわれわれが「認識すること」の困難さの理由の説明にはならない。③の「当然のこと」という認識ゆえに「意味の検討がしにくい」というのなら、認識の困難さの理由となり得よう。したがって正解は③。

→正解［③］

問6　選択肢の記述を一つ一つ問題文と照合していくことで解答は絞り込めるのだが、その際に、選択肢の中に以下のような文言があったら注意してみよう。**【戦略Ⅲ】**の応用編である。

選択肢の見きわめのポイント

(i)　包括・限定の作用を持つ語句
②の「誰でも自由に」など。

(ii)　因果関係を示す語句
③の「ファッションの記号性によって生じた」
④の「アメリカの自動車産業から生まれた」
⑤の「『移ろいやすさ』ゆえに」など。

(i)に関しては、**「本当に全部そうか？」「本当にこれだけか？」と疑いながら問題文を見ていけばよい。**「現実には階級や富や権力などに大きな格差がある」（ℓ51）という表現や、「……人間になったような気分にもなれる」（ℓ54～55）に照らせば、この自由が単なる気分的なものでしかないことは明白であり、②は誤り。この「自由」が本物でないことは、前段落にいう「メディア」による「水路づけ」ということからも推測できるだろう。

(ii)に関しては、単にそのことがらに触れられているか否かを問題文に照らしていくだけでなく、**その因果関係が正しいかをも注意して問題文と照合することから解答が導け**

る。たとえば、③の「高度に情報化されたからくり」に関しては、**問4**でも検討したように「メディア」によって生じたものだとされている。だとすれば「ファッションの記号性によって生じた」としているこの選択肢は誤りである。同様に、④の「大量消費社会のメカニズム」についても、問題文では「そのようなシステムの形成に大きな役割を果たしたのが、アメリカの自動車産業であった」（ℓ57～58）とされているだけなので、これは言いすぎの選択肢。⑤の「移ろいやすさ」については、**問2**で「浮薄さ」をめぐって検討したのと同趣である。傍線部**A**の「それゆえに」の「それ」が「流行の浮薄さ」を指していることと照らせば、この選択肢は問題文中の主張に適っている。

残る①と⑥の見きわめであるが、①の「ボガトゥイリョフ」の記述が、**問3**で検討したように、「今日のわれわれのファッションにはそれほど厳密な区別はないにせよ」（ℓ30）、分節化という基本的な働きにおいては共通している点と相反している。したがって「そうした性質は消えてしまっている」というのは言いすぎ。⑥ならば、問題文冒頭の「文化とは」の提起と、それを受けてまとめている形の最終段落の「広義の文化」（ℓ70）と矛盾しない。以上より、正解は⑤と⑥。

→正解［⑤・⑥（順不同）］

模擬試験 文学的文章 1

解　答

（50点満点）

設問	解答番号	正解	配点	備考	自己採点
1	1	⑤	3		
	2	⑤	3		
	3	①	3		
2	4	⑤	7		
3	5	④	8		
4	6	⑤	8		
5	7	②	8		
6	8 9	①-②	10 （各5）	＊1	

＊1　－（ハイフン）でつながれた正解は，順序を問わない。

合計点	

模擬試験

文学的文章1

【知識事項】

問1　文学的文章の出題においても、知識事項は問題文を読む前にできる範囲で選択肢を絞り込むのがよい。文脈に照らし合わせて判断すると、「もしかしたらこういう意味もあったかも知れない……」と迷いが生じてしまう危険性がある。

ここではいずれも慣用句的なものを取り上げて設問を作っている。

(ア)の「血道をあげる」とは〈熱心に取り組む〉意味の慣用句。選択肢の中では⑤。

(イ)の「おこがましい」の「おこ（烏滸）」とは〈愚か者〉の意味。「おこがましい」には〈ばかばかしい〉④と「ずうずうしい」（①・⑤）の二つの辞書義がある。ここでは、傍線部分の前の「そんな」という指示語が「映画評論家」という肩書きが「千映」自身にかかることを指しているので、⑤をとる。

(ウ)の「老練」とは〈年をとって熟練した〉という意味。「老」「練」それぞれの字の意味からも類推できよう。これにあてはまるのは①。②の「判断力が鈍る」は逆。③・④は「老」の意味合いがない。⑤の「威厳を笠に着る」というのも的外れ。

【問題文】

出典は、堀田あけみの『golden drop』（角川文庫・一九九八年）の一節。堀田あけみは一九六四年生まれ。『一九八〇アイコ十六歳』（河出文庫所収）で一九八一年に文芸賞（河出書房）を最年少で受賞。第3章の**例題2**で取り上げた吉本ばななとほぼ同世代である。

【出題の「仕掛け」】

問題文として取り上げたのは、前書きにも書いたように登場人物の一人**「千映」が自身を振り返っている場面**である。この趣旨は、別の登場人物「都織子」に対して彼女が感じている「彼女の仕事など、口で言う程、大層なものではないことを、見抜いてしまうかもしれない」（ℓ4）という恐れにあらわれているように、**「外見は立派」**(i)、でも**「内実が伴っていない」**(ii)という二項対立で捉えられる。

より具体的にいうなら、

> **「映画評論家」という肩書きを持ちながら**
> 　　　　　　**→外見は立派(i)**
> **「もっと鋭い感性が欲しい。もっと文章力が欲しい」**
> **と感じている（ℓ96～97）→内実が伴っていない(ii)**

この点を踏まえてそれぞれの設問に臨むと、かなりの部分は「芋づる式」に解けていくのではなかろうか。出題者としては**【戦略Ｉ】**が得策なものと想定して作問した。というわけで、**問６**から見ていくことにする。

問６　そもそもこの問題文は、前書きでも断ってあるように、登場人物の一人「千映」が自分自身を振り返っている場面である。

解法のコツ⑤…（前書き）「千映が内省している場面である」という出題者のメッセージに注目！

この点で、「千映」自身のあり方に言及していない②は不適切であろう。これは「映画評論家」一般についてのことであって、「千映が映画評論家であること」に直接関わらない。残る六つの選択肢のうち五つは「適当なもの」、一つが「適当でないもの」ということになるわけだ。

このうち「『映画評論家』という偉そうな肩書きに当初はなじめないものを感じていた」とする③や、「自分の実力が充分でないことに不安を覚えている」とする⑥は、前掲の(i)・(ii)をきちんと踏まえている。

残る①・④・⑤・⑦がグレイ・ゾーンにあるが、これらを判別していく際には、**「問題文の記述に照らして矛盾が多いか少ないか・隔たりが大きいか小さいか」**という観点で見ていくとよい。①のように「アルバイト」時代と「フリーライターとして自立してから」で千映の立場や書ける文章の差異が明白には問題文中に述べられていないことに鑑みて、これを「適当でないもの」と判断する。④・⑤・⑦に関しては、問題文中に相当する記述がそれぞれある。「『でも、本人の努力もあったわけでしょ』と返してくれないインタビュアーを、彼女は信用しない」（ℓ34～35）という一文にあるように、**「千映」は己の内実の不充分さに**

不安を覚えつつも、その一方で自らの現状を築くにあたって一定程度は努力してきたと自負しているのだ。その「努力」は映画評論家としての「文章を書く」だけではなく、「人脈を広げることも忘れなかった」（ℓ27）というところも含まれる。

以上のことから、「千映」について押さえておくことは以下の三点である。

(i)　**外見は立派**
(ii)　**内実が伴っていない**
(iii)　**「千映」には「努力」への自負がある**

この三点で他の設問の選択肢は（**問2**以外は）ほとんど絞り込めるはずだ。

↓正解［①・②（順不同）］

問3　これは(iii)**「努力」への自負**のポイントで①・④の二つに絞れる。先に見たように、ここで「ラッキー」だとしている「千映」の言葉の裏には、自らの努力への自負があるのだ。①・④の二つの見きわめに際しては、**「何・誰に対する」「どういう気持ちか」**を軸にしていくとよい。①は「努力をしない人」に対して「奮起を促したい」、④は「インタビュアー」に対して「ためらい」を感じている、ということだ。その上で問題文中のこの場面に帰ってみよう。傍線部分の記述は、あくまでもインタビュアーとの関係で登場している。したがってベストな選択肢は④。

↓正解［④］

問4　この選択肢群の見きわめのポイントは前掲の(i)・(ii)の二つ（主に(i)）。要するに、**「映画評論家」という肩書きは立派(i)、でも自分の内実は伴っていない(ii)**ということだ。これをきちんと踏まえている選択肢は⑤。そもそもこの傍線部分にある「それ」とは、「映画評論家」という肩書きが「千映」につくことを指しているのだ。したがって「千映」自身の問題として捉えていない②・③は的外れ。①・④も「映画評論家」という肩書きに言及していない点で具体性を欠く。

↓正解［⑤］

問５　この選択肢群の見きわめのポイントは主に(ii)。**自分の内実は伴っていない**ということである。傍線部分直前の一文にある「そんな状態」の指示内容を確認してみよう。

解法のコツ⑧…「そんな状態」の指示内容を確認！
「自分が思うように評論を展開できないことが辛い」「もっと鋭い感性が欲しい」「もっと文章力が欲しい」（ℓ96〜97）と「千映」が思っていること。

その一方で傍線部分直前の「このような批判」つまり「老練な評論家」の指摘は「まず、日本語を知らない」（ℓ103〜104）というところから始まるものである。だとすれば「千映」自身が感じている「文章力の乏しさ」を言い当てられた……というところをきちんと踏まえた②がベスト。①の「世間的な評価」・③の「わかったような発言」・④の「何も知らない子ども」・⑤の「イージー」など、いずれもこの点を外している。

↓正解［②］

問２　これに関してだけは、前掲の(i)・(ii)・(iii)で絞り込んでいくのは難しい。ただしここでは「それ」の指示内容で絞れるように作っている。**【戦略Ⅱ】**を選んだ時の解き方を思い出してみよう。

解法のコツ⑧…「それ」の指示内容を確認！
「雑誌を読み、アルバイト募集の記事を探した」（ℓ12〜13）
「そのうち、できそうなもの……が載っているのを五冊買って帰った」（ℓ13〜14）

この「アルバイト」とは、前に「その手のアルバイト」（ℓ10）とあるように、「文章を書いて生きて行くのが夢」（ℓ6）ということにつながるものである。したがってこの「それ」とは「ライターに関連したアルバイトを求める雑誌を買ったこと」。

その点を的確に捉えている選択肢は⑤しかない。④の「積極的に自分から動き回る姿勢」ではこの点の具体性を欠く。①・②・③は「アルバイト」の内容についての言及が不足している。

↓正解［⑤］

模擬試験 文学的文章２

解　答

（50点満点）

設問	解答番号	正解	配点	備考	自己採点
1	1	①	3		
	2	③	3		
	3	②	3		
2	4	④	8		
3	5	②	6		
	6	④	6		
4	7	③	9		
5	8	③-⑤	12（各6）	＊1	
	9				

＊1　－（ハイフン）でつながれた正解は，順序を問わない。

合計点	

模擬試験　文学的文章２

【問題文】

出典は、佐々木丸美の『雪の断章』（復刊ドットコム刊・二〇〇六年）。佐々木丸美は一九四九年生まれで、一九七五年に本作で小説家デビューをした。抒情的・幻想的な作風で名高い。

【出題の「仕掛け」】

今回出題した文章では、マルシャークの「森は生きている」という童話の内容が【文章Ⅰ】では作中人物によって語られ、【文章Ⅱ】では引用という形で挿入されるという複雑な構成をしている。このような複数の文章や資料を多角的な視点から読み解かせるという方向性は、共通テストの特徴の一つといえる。今回の出題では、登場人物の心情を読み解くことはもちろんのこと、**本文の主人公である飛鳥と童話の少女との関係性や、挿入される引用の表現効果を把握することを目的**とした。小説とはいえ、問われているのは、本文に書かれた情報の正確な把握であるということを念頭におきつつ、豊かな心理・情景描写も楽しもう。

【知識事項】

問１　知識事項から先に解答を考えていく。語句の意味を問う設問に対しては、**〈辞書での意味〉を優先させながら、前後関係に照らして絞り込む**という考え方で取り組もう。

(ア)の正解は①。「あけすけ」とは〈言動や態度がはっきりしているものの、遠慮は欠けている様子〉を表す語。前後の「とびきり豪快で」「くだけた」という表現もヒントになる。

(イ)の正解は③。少女の描写の「一生懸命に探した……ない物を無心に信じて探すけなげさ」という部分と合わせて考えるとよい。

(ウ)の正解は②。④「派手で注目を集める」が紛らわしいが、「あでやか」の原義は古語の「あてやか〈＝上品で美しい・優雅〉」であり、「あでやか」は〈華やかで美しい〉という意味を含む。

問２

解法のコツ⑥……場面設定
史郎の発言に対する、飛鳥の〈受け止め方〉に関する問題。それぞれの発言直後の飛鳥の反応を描写した地の文から、手がかりを探していく。

まず、**a**「気持がよかっただろう?」という史郎の発言に対する飛鳥の反応を整理しよう。９～11行目からは、〈豪快であけすけ〉〈奈津子が全面的に悪い＝飛鳥が全面的に正しいと言ってくれたので警戒が解けた＝安心した〉という内容が読み取れる。また、「祐也さんは私の言葉に耳を傾けながらも、人に対する姿勢としての戒めを忘れなかったけれど」という部分の逆接表現に着目すると、こうした史郎の態度が、祐也とは異なる類のものであるということも理解できる。以上をまとめて整理して示すと次のようになる。

aについての飛鳥の受け止め方
・豪快であけすけ
・そうだ、その意気だ、という愉快さ
・自分を全面的に肯定してくれている
・警戒が解けて安心して話ができる
・祐也とは異なる態度である

次に、**b**「そんなことはないさ」に対する飛鳥の反応は、33～34行目を読むと、

bについての飛鳥の受け止め方
・優しい目
・自分への愛情を感じる
・自分も好意をもてる
・祐也と同じような態度である

となる。以上の内容が正確に反映された④が正解。

①の**a**「自分の行動を褒めてくれている」は、確かに史郎は飛鳥の行為を全面的に認めてくれてはいるが、「褒め」ているわけではない。また、**a**・**b**を〈どちらも……祐也と同じ態度〉と受け止めているとする点もおかしい。

②は、**a**「祐也のように真摯な態度」が誤り。「豪快であけすけ」な態度が「真摯」とは考えにくく、**a**での史郎

の態度は、祐也とは異なる類のものだと飛鳥は受け止めている。

③は、**a**を祐也とは異なる態度、**b**を祐也と同様の態度、と位置づけている点では正しいが、**a**について「違和感を覚えている」が誤り。「警戒の垣根がとれた」とあるのだから、「違和感」とは反対の受け止め方をしている。

⑤は**a**・**b**の直接的な説明としてはほぼ正しいと言えるが、「淡い恋心」が不適切。「私も史郎さんが大好きになりそうだ（ℓ34）」という表現の「も」に着目すると、ここでの「大好き」とは、「祐也も俺もトキさんも……みんながチビちゃんを大好きじゃないか（ℓ31〜32）」という発言を受けてのものである。史郎に感じる愛情とは、周囲の大人が自らに注いでくれる愛情と同種のものだと理解できる。

→正解［④］

問３　**【Ⅰ群】**について、史郎が頷いたのは、直前の飛鳥の「よかった」という言葉に対してである。飛鳥は、少女が無事にマツユキ草を摘むことができたという結論を知り、思わず「よかった」と安堵の声を漏らした。幼い少女が安心している様子を見た保護者としての立場として妥当なものは②。

①は、「それを忘れて……飛鳥の無邪気な様子を」が誤り。このような態度に対して史郎は「頷いた」のではない。

③も、史郎が「頷いた」対象は「鮮明に想像している飛鳥の様子」ではない。また、「感心している」という史郎の心情も「頷いた」の説明として不適切。

④は、「飛鳥を幸せにしてあげようと決意を固めている」が言いすぎの内容であるため、誤り。

次に、**【Ⅱ群】**について。「安心したか？（ℓ63）」という史郎の質問に対して飛鳥は頷いているので、話の結末を知った飛鳥の心情は〈安心〉である。よって、「安心している」「結末に満足する」とある②か④に絞れる。

②は、「彼らの助言に従えば幸せな人生を過ごせるだろう」が、「祐也さんやトキさん、それに史郎さんに諭されなくても、自分から素直で強い人間になれるような気がしてきた（ℓ77〜78）」という記述に矛盾する。

④の「優しさを失うことのなかった少女の強い生き様に感心し、刺激を受けている」は、「少女が四月の精に好かれたのは、動物や小鳥たちを愛していたから……親切心や

優しさを注いでいたのだ（ℓ64～65）」や、「少女は強い、と思った。私とはちがった面での力強さが確かにある（ℓ69）」などから読み取れる。

なお、①は、「少女と同じように自然を愛する気持ちを持ち続けてきた自分」が本文と一致しない。③は、「自分は少女のような素直で強い人間になれるか不安を覚えている」が誤り。「自分から素直で強い人間になれるような気がしてきた（ℓ77～78）」と一致しない。

→正解［②］［④］

問４　別々の場面で登場している、同じ趣旨の文章の相違とその表現効果を問うもの。「描写や構成の違い」と「そこから生じる効果」が問われているが、表現の効果は特定するのが困難な場合もある。「～を強調している」「～やすくなっている」「奥行き」といった言葉の正誤判定は、いずれも程度の問題に立ち入らざるを得ないため、客観的に判断することが難しいからである。したがって、表現の効果や特徴について問われた設問では、できる限りそうした程度を含む問題には踏み込まず、**「本当にそうした表現が本文中に存在したか」という、客観的な基準で判断できるものから考えていき、選択肢を絞っていくとよい。**

①は、四月の精の少女に対する心情について相違があると説明するが、Ｙでも四月の精だけが少女に指輪を与えているのだから、「少女に特別な心情を抱いているような描写は見られない」とはいえない。

②は、自然の描写についての相違を説明しているが、「Ｙで表現されている森やそこに住む精たちは、誰であれ構わず猛威を振るう自然の象徴としても描かれている」が誤り。森はともかく、精たちについては、最初から少女には優しく、王女や兵士たちには容赦がない。よって「誰であれ構わず」とは一致しない。Ｘにおいても、少女が寒さに凍える場面はあり、「自然の暴力性は排除されている」とも言い難い。

③は、伯母たちによる少女への意地悪に関する説明である。Ｘでは、「マツユキ草を摘んで帰らなくては家に入れてもらえない（ℓ21～22）」「ほんの少しでいいから凍えた体を暖めさせて下さいって頼んだ（ℓ45）」と、摘めなかった時に少女が受ける仕打ちや、寒い思いをしていることが述べられている。史郎の話を聞いた飛鳥は、「雪だらけになって暗い森をさまよう少女が想像できた……うずく

まった自分と同じだから（ℓ55〜56）」のように自分と少女とを重ね合わせている。また、「みなし児なんだ。年は……チビちゃんと同じだ（ℓ28）」と少女の境遇も述べられるため、「飛鳥の共感を生みやすくなっている」という効果があると考えられる。

④は視点の相違の説明。Xで「専ら少女の視点からのみ物語が語られている」のは間違いないが、Yにおいても、ほぼ少女の視点から語られているため、誤り。

⑤は、伯母たちの描写に関する説明。Xでは「最後まで意地悪なまま」なのは間違いなく、Yでは彼女らが「醜い姿に変わる」のも正しい。しかし、Xで「人生の不条理さばかりが印象に残ってしまう」とあるのが誤り。最終的に少女が四月の精と結ばれ幸せになることは史郎の語りによって示され、その結末に飛鳥も安心を覚えている（問3）。

↓正解［③］

問5　史郎の語りとして描かれている【文章Ⅰ】と異なり、【文章Ⅱ】では、本文の流れを中断する形で童話が挿入されている。この引用の趣旨を考える設問である。

【文章Ⅱ】は、飛鳥が奈津子と再会する場面だが、「新鮮な胸のふくらみが次の瞬間に打ち砕かれてしまった（ℓ90〜91）」と飛鳥本人が感じるように、この再会は、飛鳥にとって不穏な高校生活の展開を予想させる。

この不穏さを匂わせた直後で、幼少期に飛鳥が史郎から聞かされた童話の内容が挿入される。この童話は、69〜78行目の記述にあるように、飛鳥が自分も強い人間になれると思い、前向きに人生をとらえるきっかけとなったものだ。このような飛鳥にとっての童話の位置づけを考慮すれば、**この童話の引用の効果は、飛鳥にとって望ましい展開を示唆するものとして解釈すべき**である。飛鳥にとって望ましくない話の展開を予想させる、とする②と④は不適切。

さらに確認しておきたいのは、飛鳥と奈津子という二人の人物と、童話中の人物との対応関係である。飛鳥と奈津子の再会という場面において、この童話が挿入されているのだから、童話の登場人物と、飛鳥や奈津子が対応関係にあると見るのがよい。奈津子は飛鳥をいじめていた存在なので、童話における伯母とその娘が、奈津子に対応している。

①は、王女と奈津子とを対応させた点が誤り。

②は、全体の方向性がおかしい。これまで見たように童話は飛鳥にとって望ましいイメージをもつものであるし、四月の精は迎えに来ると約束をして指輪を渡したので、「結局四月の精とも別れることになってしまった」も誤り。

③は、「苦難に強く立ち向かう少女の姿」は**問3**で確認したことであり、雪景色を「出発の象徴」とする説明も、本文の記述と合う。全体の方向性として飛鳥にとって望ましい展開を示している点もよい。

④は、「悲しい記憶に依然として閉ざされたままである」が誤り。先に説明したように、雪は飛鳥にとって新しい物事の始まりを思わせるものであり、暗くて冷たい負の印象をもつものではない。

⑤は、意地悪な伯母とその娘を奈津子と対応させている点はよい。「奈津子の容姿や性格は以前と変わっていない」は、童話引用後の描写を読めば正しい内容だとわかる。

⑥は、「雪の森へ別れを告げた」が、奈津子と飛鳥が「二人が今後一切交わりをもたないことになるという運命を示唆している」とするのが誤り。奈津子と対応している童話の登場人物は、意地悪な伯母とその娘であり、彼女らは元来、雪の森と関係をもたない。

↓正解［③・⑤（順不同）］

模擬試験 文学的文章３

解　答

（50点満点）

設問	解答番号	正解	配点	備考	自己採点
1	1	①	3		
	2	②	3		
	3	②	3		
2	4	⑤	7		
3	5	④	8		
4	6	②	8		
5	7	③	9		
6	8	⑤	9		

合計点	

模擬試験
文学的文章３

【知識事項】

問１　語句の問題に関しては基本的には辞書的な意味がメイン。「問題文の中での意味」という指示があっても、まずは傍線部分と選択肢だけで解くことだ。

(ア)の「萎縮」とは主に精神的なニュアンスで「萎えてしまう」こと。ここでは傍線部分の直前の「高野」の科白が、「奈良」に対してはプレッシャーになっている、ということである。これに合うのは選択肢の中では①。「気圧される」とは、「気持ちの上で圧力を感じる」ということ。③・⑤のような「奮い立つ」という方向性とは反対である。④は「震え上がること」の意味。②だと「がっかりする」の意味で、やはりここにはそぐわない。

(イ)の「癇癪」とは「怒りやすい性質」のこと。これに合うのは選択肢の中では②。④や⑤はこうした気質の問題ではなく、行動様式のニュアンスが濃いのでややずれる。①も同様。「意地悪」というような性格的な問題ではなく、あくまでも気質の問題である。また③のような「他との関係」にかかわるものでもなく、本人だけの事柄である。

(ウ)の「うっかりしたこと」とは単純に「軽率」＝「軽はずみ」と考えればよい。前後関係に照らし合わせると③や④も当てはまらなくもないが、これらは元の意味からはそれている。①や⑤ではやや焦点が広がりすぎ。

【問題文】

出典は、宮本輝の『優駿』(新潮文庫・一九八九年)。宮本輝は一九四七年生まれの作家で、一九七七年『泥の河』でデビュー、太宰治賞を受賞した。その後一九七八年『螢川』で第七八回芥川賞を受賞、この二作と『道頓堀川』を合わせた三部作が有名である。

【出題の「仕掛け」】

この問題文は上下巻にわたる長編小説のうちの一節である。したがって全体を貫くテーマに関する問いなどを設けるのは難しく、部分説明問題が中心となる。こうした作りの問題に対処するには**【戦略Ⅰ】**は不向きである。主に**【戦略Ⅱ】**、とりわけ小説の場合には**傍線部分の直前に書かれている経緯に着目して選択肢を絞り込んでいくとよい**。

問２　傍線部分の「高野」の発言によって、記者たちが一斉に「奈良」の方に向かっているということが後の記述から読みとれる。したがってここでの「高野」の態度は、「奈良」および「オラシオン」にかかわるものであることがわかる。ここではまだ「久美子」は登場していないので④は不適切。また、「早く奈良とともに昼食をとりにいきた」いのならば、記者たちを「奈良」からも遠ざける配慮をすべきである。したがって③も不適切。

あとは、ここで**「高野」が「奈良」と「オラシオン」をどのように見ているか**を読みとっていけばよい。

- **「こんな化け物」（ℓ3）**
- **「俺は、お前の馬のあとから行っても勝てねェ」（ℓ8）**

ここでの「高野」は、「オラシオン」と自分の乗る馬との力の差を痛感している。

この点に合っている選択肢は①・⑤の二つだが、①の「記者たち」に対する配慮はこの問題文からはうかがわれないので⑤をとる。また、②はやや的外れ。「高野」自身が記者たちに向かってコメントを述べても、「逃げ」の戦法をとる予定であることを隠すことはできる。

↓正解［⑤］

問３　「奈良」が傍線部分にあるような記者たちとの受け答えをするのは、調教師である「砂田」の影響によるものである。このことは「奈良は、そんな砂田の態度を……」（ℓ83以下）という記述でわかる。こうした経緯をきちんと押さえている選択肢は④。②や③のような自分個人だけの感情ではないし、①の「オラシオンに体調面での不安」に相当する記述は問題文中にはない。また、⑤にあるように、「良馬場」を「オラシオン」がとくに得意とするという意味の記述も問題文中には求めにくい。

↓正解［④］

問４　この「久美子」と「砂田」との関係について、問題文中の記述を見ていくと、「奈良は、久美子と砂田が、いつのまにこんなに仲が良くなったのか不思議でならなかった」（ℓ65～66）「砂田が……どこかはしゃいだように久美子と言い合っている」（ℓ84～86）などと、「奈良」の目を通して記されている。これらの記述から、基本的に「久美子」と「砂田」の関係は和やかなトーンであるとわかる。

したがって①や③の「憤り」というのは不適切。ただし一方で、この傍線部分の科白自体は、「ほんまに、『はい』というひとことを言えん人やなァ」と、相手に対して少々文句を言うようなものになっている。これを素直に解釈すれば「皮肉」ということになろう。②が適切。④の「信頼」というのはこの部分の会話のトーンからは的外れ。⑤の「若い女性の香気」などに相当する記述も問題文中には求めにくい。

→正解［②］

問5　砂田が記者に対してのコメントを控えるのは「砂田」のポリシーがあるからである。ここで問われているのはそのポリシーの内容についてである。選択肢を見きわめていくには、傍線部分にある「見も知らん人間」が誰を意味するのかを吟味していけばよい。

「調教師の談話として、レース前にそれが新聞に載ったら、ファンは馬券の対象から外すやろ」（ℓ77〜78）
「競馬は、一レースに何億という金が賭かるギャンブルなんや」（ℓ80〜81）

このような内容から、ここでの「砂田」は徹頭徹尾「金を出して馬券を買う競馬ファン」のことを念頭に置いているのだとわかるだろう。したがってここでの**「見も知らん人間」＝「競馬ファン」**となる。この点をきちんと押さえた選択肢は③。⑤にある「ライバル馬の調教師」はここでは無関係。また、「砂田」は「調教師の談話」が「ファン」一般に与える影響を心配しているのであって、④の「その新聞を読むファン」と「読まないファン」のように、「ファン」を区別して考えているのではない。②のように「新聞記者」と「ファン」が対置されているわけでもない。①は近いが「自分の管理馬についての情報だけ」に相当する記述が問題文中に求めにくい。「砂田」はあくまでも競馬関係者がレースについてしゃべりすぎることを戒めているのである。

あるいはもう一つの見きわめ方として、傍線部分の「あんたら」に相当する部分がそれぞれの選択肢で少しずつずれていることもあげられる。そこから選択肢を絞り込んでいくこともできる。

→正解［③］

問６　**心情説明の選択肢問題を解いていくカギは、直前の記述にある。**ここでは、「そんな砂田が……どこかはしゃいだように久美子と言い合っている」（ℓ84～86）の部分の記述を踏まえた選択肢を探していけばよい。この「砂田」と「久美子」との関係に言及した選択肢は②・⑤のみ。①・③は「砂田」自身だけのことである。④では「砂田」と「久美子」とは並列されており、このふたりの関係についての言及がない。この選択肢では自分（奈良）と二人との「立場の違い」がメインになっている。②と⑤の見きわめに際しては、**末尾の心情語が決め手**になる。傍線部分の表現は「うらやましく感じた」ということ。これを熟語で表せば「羨望」。また、この傍線部分の直前に「大レースを前にして」とあることから考えても、その「大レース」のことを踏まえている⑤のほうが適切だと推測できよう。

↓正解　［⑤］

Z-KAI